JN127198

比嘉トーマス太郎

——沖縄の宝になった男

下嶋 哲朗

「沖縄人とは何か？　比嘉太郎のような人だ」

大田　昌秀

比嘉・トーマス・太郎
(28 歳、1944 年撮影。米国内収容所訪問の際の許可証に使用された公式写真)

その子の父、島を出る

海原に黒い煙がたなびくと、島に白い煙がたつ。沖縄の島人《しまんちゅ》はむかし、長のわかれをこうして惜しみあった。白い煙と黒い煙――わかれの煙といった。船は出かせぎ人を乗せて北へと青い海を切る。小高な丘の見送るひとはうしろ髪を引くような水脈に、涙をふきふきいっそう生松葉《なままつば》をいぶらして、もっとも愛する出てゆく人に、――いまだ幼い娘や息子や夫や恋人に、送ることばをさけぶのだ。

「ジン　モーキティ　クゥーヨォー！」。金をいっぱいかせげ、それまでもどるなよォ！　と。

甲板の若者が、青天へとかけ上る白い煙を晴ればれした眼で追っている。これは赤貧の暮らし、極貧の島から自由への脱出なのだ。

船は神戸に着いた。若者はまっすぐ東海道線に乗った。東京着は昼ごろ。快晴の花の都は荒れ狂っていた。しゃれた都会人がなんと、電車に放火し投石し暴れているのだ。若者は火を噴くような集団が、わが青春の冒険を鼓舞する火花に映り、うれしかった。この騒乱の目撃からして、若者の東京到着は一九〇六（明治三十九）年三月十五日と断定できる。群衆数千名が電車賃三銭を五銭への値上げに猛反発、歴史に残る「電車事件」である。その一回目は三月十一日、小雨だった。二回目十五日は快晴だった。

希望は虹ではない、場所がある。若者はまっすぐ横浜へ向かった。

鉄箱の横っ腹をドーン、ドーンと太平洋が重くぶちのめす。若者は初志確認に船酔いをまぎらわす。

「ナマサネェ　イチスガヤァ」——今やらないで、いつやるか。

やれば後悔するかもしれない、だがやらねば後悔はかならずだ。青春の道連れは無鉄砲な気概だった。……だれも帰ってこない、ぜんぜん便りもないから、うわさが立った。そこは朝が夜、時の流れが逆さまで赤ん坊になって消えた、などとおとぎ話めいたものから、ビャッキ（悪魔らしい）の人間牧場で肉缶の原料などとむごいものまで枚挙にいとまがなかった。若者はその地へ向かっている。

十日たって「ハワイ」、というところに着いた。ただちに極貧の沖縄でも見ぬバラックにおしこめられて、眠ったとたんにたたき起こされた。外はなま温かい雨がふっていた。しょぼぬれて追われたところが広大なサトウキビ畑、まだ夜明け前。若者はガッテンした。

「まことと、朝と夜が逆さまだ！」

サトウキビ畑は人間牧場だった。ポルトガル人の親方（白い鬼《ビャッキ》の正体）の、ムチが切りさく空気の悲鳴、それはオヤジのろこつなはげましでもあった。

「手紙や後《あとぅ》から、銭からどぅ先《さち》どぉ！」消息はあと、まず、金を送れ。

なるほど、行ったきり便りもないはず。じぶんは遠いここにいるよォ、と近い故郷にしらせる間もない、こき使われる。しかも海外出かせぎ人はほとんど文盲だった。

こうして青春の若者は、ハワイ・オアフ島のサトウキビ・プランテーション（単一作物の大規模農業）の一農夫《のうど》となった。

女の渡来は男の翌年。十八歳、はち切れんばかりのみずみずしい肉体、美しい琉球娘だった。二人は結婚した。初夜の翌朝五時にたたき起こされ、六時に二人はもうサトウキビと格闘していた。女はそんな毎日を鋭く切っている。

「明けない夜はない、憎い！」

銀鼠《ぎんねず》色に空が明るんで、遠くの木のしげりのぬれた梢に輝く光りは神々しい。そして虹が立つ。ハワイは夜明け前、日課のように雨が降る。それで陽がのぼると虹が立つ。だが農夫《のうど》は下ばかりを見る。背の二倍よりあるサトウキビの根っこにカマをうちこみ切り倒す。単調で過酷な農奴の一日の連続は、時の流れが逆さまどころか、ピチピチした青春の二人を刻一刻急速に倍速に、老人顔へと変貌させていくのだった。その物語をセピア色の写真がいまも詳細に覚えている。だが、情火は生《いのち》に命じるのだ、いよいよ激しく燃えよ！　かくして十二人もの子が陽の光を浴びた。

一枚の写真がある。学生帽に袴姿。背を椅子にもたせかけ、ずしりと手を膝においてグイと顎を引いての身がまえはなんとも大胆不敵。ものいいたげな唇、高い鼻梁《びりょう》に濃い眉、大きな眼の奥ふかく懐疑の矢を放つ。このきりりと己に構える面魂《つらだましい》が、なんと六歳、小学一年生。比嘉《ひが》・トーマス・太郎。十二人の上から三番目。――その子、である。

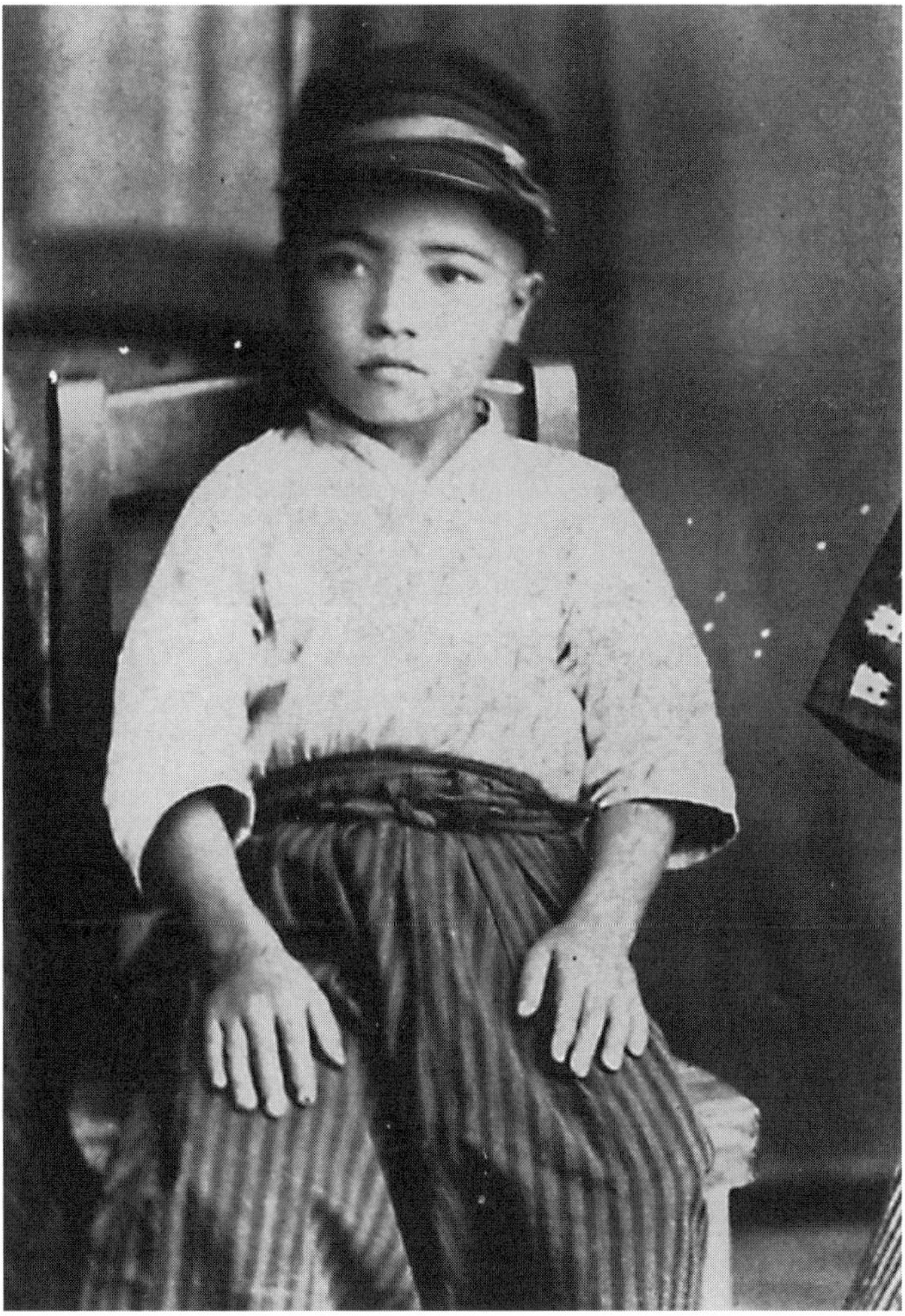

太郎小学校入学記念（6歳、1923年）

比嘉トーマス太郎——沖縄の宝になった男　目次

嵐に耐えるガジュマルの樹（写真家：大塚勝久氏提供）

これで済んだのである。
ガジュマルの樹が
緑陰をひろげている。
新しい子らが、
ブランコをしている。
すっかり安心しているのだ。

＊読者のみなさまへ

本文中〈 〉内は、太郎を含めた人々の著作、新聞記事などのメディア、諸記録からの引用、または太郎と妻俊子の日記からの引用です。比嘉夫妻の日記については適宜旧仮名を現代仮名遣いにあらためため、一部は読みやすく書き直してあります。

1　置き捨てられた

沖縄の自然神

別れが太郎の運命を決めてゆく。母は三人の子をじぶんの生まれ島、沖縄は中城村《なかぐすくそん》（現・北中城村《なかぐすくそん》）の字島袋《あざしまぶく》へつれてゆき、ひとりで戻っていった。

「すてられた！」

太郎は恐怖、怯《おび》え、狼狽《ろうばい》、戦慄《せんりつ》、――いたいけな子がことばとして知るはずもない、絶望にぶちのめされている。一九一九年、太郎三歳。そして長男七歳、長女九歳の三人だ。死別は供養ができるが生き別れはトラウマになる。後年、太郎は捨てた母を問いつめている。するとこう弁明した。

「小さなおまえたちがいると、かせぎに出られない、沖縄へ送金もままならなくなった。だからおっ父《とう》と相談して、みんながするようにやったんだよ」

「みんながするように」やらないと生きられない――底辺、日本海外出かせぎ人の悲哀である。これをその年の「ハワイ報知」紙は痛哭《つうこく》する。

〈船の出帆する時、桟橋を見よ……多年の苦労にやつれ果てた労働者の細君たちが、或いは二人、或いは三人の子供を連れて、続々と船に乗り込むのを見受けるであろう。彼らは子供が居てはその日の生活にも困ると云《い》うので、可憐《かれん》なる子供達を日本の父母なりに預けに帰って行くのである。親は子に別れ、子は無心ながら親に捨てられに行く、実に人生の惨事と云わねばならぬ〉(一九一九年十月二十一日)

一枚の写真が、置き捨てられた三人の魂をセピア色に記憶している。太郎は口をへの字にへし曲げ、撮影者をにらみつける。眼の中には疑心と暗鬼と勝ち気な気性の風が巻いている。兄の眼光は怒りの爆発だが、同時にしっかと現実を見定めてもいる。弟は、その兄の着物のすそを無意識につかむのだ。姉のかわいい唇は不満げに尖《とが》って、眼ざしは諦念と悲しみに満ち満ちている。

嵐は強い樹《き》を育てるという。沖縄のおばあはことに、太郎にひそむ楽天気性を愛し、きらめかせに成功したようだ。それがつぎにわかる。

――正月。三人そろい、親戚にあいさつまわりして、お年玉がもらえてうれしい。それも銅銭ではなく、銀貨が三枚！　ぼくは新しい年が大好きだ。

――学校へもってく弁当は、芋が一個か二個だ。真夏にはすぐくさってすてる。バチがあたらんようにと、おばあが沖縄の自然の神さまにおわびしてすてる。

――遠足のときは、おばあがバナナの葉を火であぶって、お米のご飯に油みそをつつんで、ほかにもおかずがひとつそえられて、うれしい。ぼくはおばあちゃんがいる、母ちゃんはいらん。

太郎は悲しいほどにも強がっている。

ハワイ移民を見送る那覇港の風景（1934年）。当時の風俗も伝わる貴重な写真（仲間牛吉撮影）

置き捨てられた3人（1919年）。左から太郎（3歳）、敏夫（7歳）、ヨシ子（9歳）

サトウキビ農園。運搬線路を敷設している。労働者は日本からの海外出かせぎ人

のちに太郎は書いた。沖縄の農民は〈驚くほど自給自足に徹していた〉。が、それができたのも、分けあうやさしさがあってこそだった。

農民は少ないものを分けあった。そうしなければ生きていけなかった。じいちゃんも「おうおう、もってけぇ、もってけぇ」と少ない芋を分けていた。分けあうからウチナー人（沖縄人）は安心して暮らしていけたのだ。

おおらかなじいちゃんだが、容赦なく幼子《おさなご》をこき使ったようでもある。だからだろう。おばあちゃんが死んだ、納棺のとき、太郎はさけんだ。

「おばあは棺に入れるな、代わりにじいちゃんが入れ！」

おばあちゃんは高齢だったようだ。その時を幼い三人にさとらせようとしてだろう、ある日、三人を真昼のカヤにまねき入れて宣告した。

「おばあはね、まもなくフニシンさァ」そうして「ケンコンしたら、きなさいねえ」

「ケーン、コーン……、」

フニシンは骨神、沖縄の自然神が宿る祖先の骨とはあとで知る。

明るい響きは鐘の音、それっ、とばかりにかけつけた。沖縄のおばあちゃんは、うれしそうにほほえんでいた。

「おばあー」

呼んでもゆすっても答えなかった。男がせいいた。

「さあ、くずれんうちに」

真夏であった。儀式は慣れた郷党連《きょうとう》の手でてきぱきすばやく進行していって、いよいよ納棺の事態。この異常なできごとに「じいちゃんが入れ！」と太郎はさけんだわけだった。

野辺のおくりは親類縁者、郷の者らのせいぞろい。屈強の男四人がかつぐそのあとに、芭蕉布《ばしょうふ》をすっぽりとかぶった女たちが、

――アキサミヨォーナ、チャアスガヤァー　ケーン、コーン……、

――アキサミヨォーナ、チャアスガヤァー　ケーン、コーン……、
アア悲しい、アア悲しい、どうしたらいいんでしょう、と号泣しながら鐘を鳴らして連なっていく、三人の孫たちがつらなっていく。長い列は沖縄の過去‐現在‐未来の時間列なのだ。家から墓地への道ぞいの家々は、棒や竹をおき、家には入れないようにしてある。死者を迎える冥土の使いがまちがえて入ってこないようにと。太郎第二の別れであった。ぼんやりしていると、どん！　背中をどやされた。びっくり、ハッ、と吸いこんだ息といっしょに、なにかが入った。

「あんた、魂《まぶい》おちたからよォ、ひろってあげたわけさァ」

とどやしたおばあは尻上がりにのんびりといった。

「あんたのおばあはねェ、沖縄の自然神になってよォ、あんたに入ったんだよォ」

太郎の空虚はコップに満たした水、見えないがみたされていた。この心霊的現象を「魂込《まぶいぐみ》」というのだとおばあはいった。そしてふっと消えた。オキナワは不思議がふつうの島である。

太郎に歳《とし》のはなれたいとこがいた。島を出る、という。兵隊上がりのかれは大阪の岸和田紡績春木分工場へ、夫婦で出かせぎにゆくと。沖縄は日本《やまと》の搾取にとにかく貧しかった。太郎八歳の

一九二四（大正十三）年。沖縄への国庫支出は百七十九万八千四百円余。これに対して国税は五百五十二万千九百円余、三倍以上の搾取である。（湧上聾人《わくがみろうじん》『沖縄救済論集』）

太郎はじいちゃんに宣言した。

「いつまでもじいちゃんの世話になっておれん！」

太郎に父の「やれば後悔するかもしれないが、やらねばかならず後悔する」こんな青春の無鉄砲な血がながれていた。

第三の別れは独立宣言である。このときわずか九歳。さすがのじいちゃんも泣いたが反対はしなかった。暮らしは相当に逼迫《ひっぱく》していたと思われる。

母校、喜舎場《きしゃば》尋常高等小学校、現在の北中城《なかぐすく》小学校に、当時で樹齢百二十歳のまことに巨《おお》きなガジュマルの樹《き》があった（今もある）。恩師は喜納昌盛《きなしょうせい》。太郎の成長を楽しみにしたようだ。

——ふたりは巨きなガジュマルの樹の緑陰に包まれている。恩師はこれから大阪へと、かせぎに沖縄を出てゆく太郎に豊かな種子を一つ、まいた。

「きみ、見たまえ　なんと巨《おお》きなガジュマルだ。根は大地をつかんでいる　大地は人をつなげている。嵐や干ばつをなんどもこうむったが、さも何ごともなかったようだ。しずかな陰をおとしている。涼しく風を吹いてるよ」

幼い太郎は比喩《ひゆ》を理解した。「先生」と仰いでいった。

「ぼくは人につくす人になります。世のためになる人になります！」

じぶんも巨《おお》きなガジュマルの樹《き》になって、ひろく涼しく緑陰を落とす、と。恩師を証人にじぶんに立てた誓いであった。あの六歳の写真、ぐいとまっすぐじぶんにかまえた面魂は、そのときのものである。

*

初夏の那覇《なは》港を太郎は旅立った。白い煙と黒い煙――わかれの煙――あのときの父亀三は二十三歳、その子太郎はわずか九歳。亀三はハワイを知らなかったが、太郎は大阪がどこかも知らない。

岸和田《きしわだ》春木の紡績工場は荒野であった。朝六時始業、夕六時まで酷使された。ハワイのサトウキビの農夫《のうど》と変わりはしないが農園だけましだろう。工場内は不健康きわまっていた。太郎は書いている。結核が蔓延《まんえん》していた。女工は上司のセクハラを拒めば仕事を失うどころか、なんと遊里に売り飛ばされ、その数は多いと。社宅といえば聞こえはいいが実態は貧民窟。一軒は三部屋からなり、二畳間と三畳間はそれぞれ夫婦者が、四畳半には親子五人が同居したから、風紀は極度に乱れていた。

そんな貧民窟へ美しい少女が迷いこんできた。草鞋《わらじ》に短い着物、背には山伏がかつぐような笈《おい》、巡礼姿である。岸和田は紀伊半島をめぐる紀州路にあって、熊野三山《さんざん》、高野山への、あるいは四国お遍路《へんろ》の通り道。太郎は二つ三つ年上と思われる少女に声をかけようとしたが、固まった。首に下げた札にこうあったのだ。

〈母をさがしています〉

写真も貼られてあった。逆光にふるえて小さくなって消えていった黒い背中、これが太郎の母の顔である。

〈わが身を少女に見たような気がして、悲しみが胸をついた。親からはなれ、親の顔さえ記憶にとどめていない私だから、ひとりぽっちの少女がいっそう、身にしみた〉

巡礼姿の少女は太郎にほほえみかけてきた。このとき少女は意味になった――たおやかな葦《あし》。嵐は樹《き》を強くする。だが嵐に逆らわぬ闘い方もある、と気がついたのだ。巡礼姿の少女は、太郎が困難と直面するたびに、励ましてくれることになる。

金銭製造機

太郎は貧民窟を出た。仕事を求めて岸和田《きしわだ》の商店を転々としているが、それは愚かな店主が原因だったようだ。「こうやって並べたほうが目立つから売れる」との意見に、「でっち小僧《こぞ》が、だまってはたらけ」とあいてにならない。渡り歩きはある化粧品問屋におちついている。そこを堀越興哲舎《ほりこしこうてつしゃ》といった。店主も大した人だった。東京帝国大学出の知識人である。太郎の早熟にして天真らんまんな気性を見ぬいたか、にこりと顔をほころばせていったものだ。

「さぞかしきみは、おばあちゃん子だね」

「はい！　ぼくは、沖縄のおばあちゃんの子であります！」

と息をはずませたそのとき、太郎は十歳（昭和元年）になったばかり。大人にするのがもったいないような、でも家族をしらないその子は、小僧《こぞ》さん、小僧《こぞ》さんと、家族のように温かくかわいがられている（のちに愛犬をコゾと名づけている）。しかも興哲舎には看板どおりに、知の泉が湧いていた。店の次男、三高生（現京都大学）の浩一は、太郎のリーダー資質を見ぬいたか、小学校も三年までの小僧さんをぐいぐいとみちびいてゆく。新聞から、書物から、会話から社会に目を向かせ、湧いた「疑い」は知識をもって解き明かし、行動をもって証明すること——「ぼくは人のために、世のために尽くす人になる」——九歳のじぶんにした約束を果たす基礎骨格が、浩一に組み立てられたといっていい。のちにいう。

〈堀越興哲舎での、学校では身につけることのできない知識と経験と、それが私の生涯を大きく変えたことを考えるたびに、感謝のあまりご家族は、私の生涯忘れえぬ存在となった〉

感動する小僧さんだが、知識の最高位はエレキ《でんき》だった。浩一先生の授業は、しごとを終えての夜学、パッとまぶしく裸電球が点《つ》く。

「これ、だれがつくったの？」先生すかさず「実験精神が創ったんだよ」と発明王を語ると太郎はふるいたつ。

「ぼく、エジソンになる！」

沖縄の中城《なかぐすく》もハワイの日本海外出かせぎ人村も、陰鬱なランプ生活だった。幼い子のこころざしを浩一先生は素敵にはげましている。

「エジソンってね、新聞の売り子をしながら、図書館で独学した努力の人だ、きみだよ」

浩一は電気の本や雑誌などを、存分に購入してくれている。なかでも太郎は雑誌『住宅』に登場する山本忠興《ただおき》という学者の、日本には冷蔵庫も洗濯機もない時代にそれらを使う「電気による新しい文化生活のすすめ」に夢中になった。ずっとのち、その山本が太郎の幸運の使者となる。太郎は手当たりしだいに読み、書き写した。とはいえ電気理論はむずかしい、思わず居眠る生徒の頭に教師はそっと手をおいていうのだった。

「この頭にカンテラを灯《とも》してね、地の底の暗闇ふかく、さらにふかくおりてゆくとね、かぎりなく透きとおる泉があってね、かすかな光にも応えてくれるんだ。でもサ、小僧《こぞ》さん、清水はじぶんで汲むのだよ。なんせきみ一人なんだ」

早熟で孤独な少年をドイツロマン派の詩人、ノヴァーリスの代表作『青い花』をかりてだろう、はげましたのだ。太郎はおおぜいのそれも上等な教師に、しかも絶妙なタイミングで恵まれている。

恩師の贈りもの——嵐は強い樹《き》を育てる。

巡礼の少女の贈りもの——たおやかな葦《あし》。

興哲舎の浩一さんの贈りもの——知識。

太郎に魂込《まぶいぐみ》した沖縄のおばあちゃん——沖縄の自然神。

師たちは太郎をたがやす鋤《スキ》であり、種子《たね》を蒔《ま》く人であり、地をうるおす泉であった。だがまぶしい裸電球は無惨にもたたき割られてしまう、呼びもどされたのだ、顔も忘れた父に。

このとき十一歳、八年目のハワイである。

＊

第四の別れは痛かった。父亀三はじぶんが主人でじぶんの奴隷、そんな男だったようだが、海外出かせぎ者はそうならざるを得なかっただろう。亀三は太郎の緑の草原にザクリと粗野な鍬をうちこんだ。

「黙って働《ちばれ》け！」

あの春木の商店の愚昧《ぐまい》なオヤジである。砂糖キビ畑は刑務所、倒してもたおしてもあらわれる高い壁だった。――太郎はギャンブルに逃避した。そんなある日、強烈な衝撃をうける。沖縄の大叔父から、父あての手紙を盗み読んだのだ。そこになんと一九一九年、三歳の沖縄置き捨て事件の真相が暴かれていた。――海をはさむはるかかなたの大叔父は、肌が直火にひりつくように真っ赤に熱く怒っていた。

〈子供たちを沖縄にやったのは、教育を施し、りっぱな社会人として役立てるためだった。なのにその子供が成長すると、金銭製造機として呼びもどすとは何事か。畜生にも劣る野蛮行為だ。人間、金銭のために生きるようでは、万物の霊長たる資格を失する。とくと考えよ〉

調べると、この大叔父は只者ではなかった。沖縄民衆史の画期というべき「沖縄自由民権運動」に最年少、十九歳にしてはせ参じた喜納《きな》昌松である。

運動のリーダーは知られる謝花昇《じゃはなのぼる》。かれの性格、人格は評伝にこうある。

〈――身体は小さいが極めて押しが強く、始めたら後へ引かない底力、不撓不屈の負けじ魂が充満していた。およそへり下ったり忖度《そんたく》しない。ゆえに表面からだけ彼を見る人は彼を遠ざけた。しかしこの観察はまちがっている。彼こそ全く天真爛漫《てんしんらんまん》、天衣無縫《てんいむほう》の人物であった〉（大里康永『沖縄の自由民権運動』）

謝花像のスケッチ。これはまったく比嘉太郎像といっても過言ではない。しかし民権運動は大敗北、リーダー謝花は狂死してしまう。そこで大叔父喜納昌松は〝新しい沖縄〟の幕開けを太郎に期待したのではないか。というのに太郎ときたら金銭製造機、親父の奴隷に落ちぶれている。

――昌松の怒りは、太郎の怒りになった、かんかんと響く。

「人間、金銭製造器となるべからず！　この言葉は、おやじなどが言える言葉ではない！」

とはいえ時はニューヨーク株式市場の大暴落に、世界経済は大恐慌（一九二九年十月二十四日）。農産物価格は急落、暮らしはどん底状態。もうやけっぱちの幼い奴隷だが、みょうなところにリーダーの頭角を現すのである。バクチにのめりこみ、不良どものボスにのし上がった。このとき十三歳。

――教会の裏で、ダイスをふる音に牧師が出てきた。あわてて便所に逃げこみ、たばこに火をつけた。牧師の足音が近づいてきた。

「……だれか、たばこを吸っておりますね」

逃走をはかり脱兎《だっと》のいきおいで飛び出す太郎をむかえたものは、牧師の眼差しだった。

「いつよりもいっそう優しい眼には涙があった」

涙がこころに問いかけた。

「それはおまえに、なによりも、たいせつなものなのかい？」

太郎は衝撃を受けた。涙は太郎に魂込《まぶいぐみ》した沖縄のおばあちゃん＝沖縄の自然神、つまりじぶんじしんであった。

太郎は復活した。「エジソンになる」べく独学を再開するが、机に向かうのは野良仕事を終えての夜間になる。親父と兄敏夫はランプの油がもったいないと文句タラタラ、これに裸電球はパッと輝いた。水力発電の発明である。

——比嘉太郎は並外れた記録魔、資料収集魔だった。ひろいガレージは日記、メモ、資料、写真等が埋めつくし、車は外に追いだされている。その資料の一つ「ハワイ報知」（昭和九年二月十六日）は十七歳の太郎がトップの記事である。

〈電気通はぬカハルー奥地《ママ》で〉

そこはホノルルから北へ、未舗装の崖道をひと山越えたところ、太平洋に面する日本海外出かせぎ人村、太郎のふるさとである。

〈水力電気を発明、電灯を喜ぶ一家。発明者は比嘉太郎君、真面目な究学心強き青年——バナナ、タロ、パパイヤなどを栽培する比嘉夫婦の次男、十七歳の太郎君は農業に励まねばならないので、学校には行けず、夜に石油ランプの光の下で勉強するのだが何しろ恵まれぬ農家。遅くまで勉強すれば石油がたくさんいる、父から、兄から小言が出る。そこで生来、学究心の強い彼は、廃物利用の水車発電設備に着手した。頭のよいのと研究心が強い所に、電気学の方も書物によって研究しているので、着着設備も出来上がり、今年ついに電灯が点いた〉

エジソンの発明は裸電球だが、太郎の〝発明〟は電気。記事の反響は大きくラッキー・チャンスを運んでくる。その一つ。オアフ島から百三十キロ、カウアイ島の一読者はじぶんの娘と太郎の結婚を妄想した……今はそれはさておき、アロハシャツの見学者のなかに、ハワイでは葬式でも見ない黒背広にネクタイの男がいて鋭い質問、それもしつこい——毎分の水量は、その変化による回転数の変化に生じる発電量の安定性はどうか、余剰電力の活用は、などなどと素人じゃない。黒背広の男は察しただろう、「失敬！」とだした名刺は、

〈山本忠興《ただおき》　早稲田大学理工学部長〉

なんと！　太郎が興哲舎の裸電球の下で、夢中になった雑誌「住宅」にしばしば登場した、あのあこがれの大先生ではないか。東京帝大工学部卒の大発明家（のちに朝日賞受賞、にっぽん初のテレビの研究等功績多数）そんな高嶺《たかね》の花が、太郎によほど関心をもったようだ。じぶんの白い頭を指さして、五十三歳の教授はかのことばを迸《ほとばし》らせた。

「Boy, be ambitious like this old man! きみ、こんな田舎にいてはいけない、東京に出たまえ、電気を勉強したまえ！」

「東京電気《エレキ》留学！」

意気ごむ太郎に現実という壁が立ちはだかった。その壁の写真がある。顔が暗いのは日焼けのせいばかりじゃない。眼の底に怒りの火種がくすぶっている。切り株のごとくのごっつい肩、太い腕、ぶあつい手、左の小指は事故でだろうか、奇妙にねじ曲がっている。男の横の女は陰鬱なるオーラを発散する。——亀三とカナ。激しく触れあったはずの二人の間に、いかにも会話がとだえて久しい凩《こがらし》が吹いている。これぞまさに金銭製造機、それも中古のさまである。

——ここで比嘉家を時代のペンでスケッチしておこう。一九一四年から十八年、第一次世界大戦の戦争景気が、足手まといの幼い太郎ら三人を、沖縄に置き捨てさせた。太郎がもどった時は一九二七年、先にもどった長女ヨシ子（そのとき十七歳）は、デルモンテのパイン缶詰工場に働

HAWAII HOCHI　昭和九年二月十[illegible]日

廢物利用で自家用の
水力電氣を發明
電氣通はぬカハルー奥地で
比嘉青年の工夫

父や兄に
叱られて發奮

有爲な青年

家に歸れば
妻はなし
行方を搜して下さいと訴ふ

日本人青年
毒を服む

夫殺しの妻服罪
五ケ年執行猶豫

人道協會處分の
野良犬三千百匹

◀ハワイの代表的邦字紙「ハワイ報知」の記事。写真（下）は右から太郎、敏夫、あと3人は兄弟と思われる。（昭和9年2月16日）

▼ホノルルとカハルウをつなぐ山道（カネオヘ図書館提供）

いていた。兄の敏夫（そのとき十五歳）は、早くも金銭製造機と化していた。一九二九年そうやって亀三は広大な農園を手に入れた。ところが不運、同じその年の十月二十四日、ニューヨーク株式市場が大暴落。農産物価格は底値知らずとなった。

〈ハワイ各島の日本海外出かせぎ人村では家族の離散、自殺、夜逃げの惨事が日常的〉（比嘉武信『新聞に見るハワイの沖縄人90年・戦前篇』）

比嘉家十四人の大家族も例外ではなかった。極貧の暮らし。だが働く機械は錆《さ》びない。バナナ、タロイモ、パパイヤ、根菜、葉野菜を生産、ほそぼそながらも出荷を絶やさなかった。一家が生き残ったのは奇跡ではない。農業は自給自足、不羈《ふき》独立の根源である。太郎は決めた。

「おれはハルサー・エジソンになる」

ハルサーは農民、エジソンは発明家。農業で自給自足し、人のため世のための研究をすると。

今がそのとき

どん底経済はルーズヴェルト大統領のニューディール政策（一九三三〜三七）によって回復しつつあった。東京留学のチャンス到来、気持ちは舞いあがっている。その青春の足をオヤジはまたひっぱった。

「遊ばせる銭《ジン》はない！」

親父に学問は遊びなのだ。そこへとんでもないもうけ話がとびこんできたから、太郎は留学どころではなくなった。一九三四年「ヴィンソン海軍拡張法」が成立、予算がついたのである。毎年七千六百万ドルもの巨額を支出、百隻以上の空母、軽巡洋艦、駆逐艦、潜水艦を新造する。軍艦に軍港はつきものだ。カネオヘ湾を臨む日本海外出かせぎ人村、カハルウの対岸に遊休の海兵隊飛行場があって、その大拡張（現カネオヘ海兵隊航空基地）が決定する。日雇い建設労務者の大量募集が始まったのである。その労賃がなんとひと月で農業実収入一年分。こうして若者の農業離れが始まった。太郎は誘惑をかける友人との会話をメモっている。

太郎「ニューディール政策で、一俵三十五仙《セント》のタロ（原住民ポリネシアンの常食タロイモ）が今では三弗《ドル》だ」

清水「なに、軍拡工事の方が景気だよ。一時間一ドルは楽だ。宮城なんざ九百五十ドルのシボレーの新車を買ったぜ。おまえは百姓なんぞして骨折りだ、そりゃ低能児がやる仕事だよ」

どん底くらしは一転成金、そこへバクチ菌が浸入、パンデミックを起こした。その感染者が太郎にいった。

「バクチはダイスの目の出がなんとも快楽なんだ。おれは三百七十ドルすったがなんてことない、軍拡工事のひと月分の給料にすぎん」

バクチは病みつきとなる。その悪魔の「快楽」を太郎はすでに知っている。こう書いた。

〈どこの親も子だくさんで暮らしは苦しいのに、じぶんの金だ、と毎晩遊びふけっている。親の心になってみよ。むしろ金がなかったときのほうが幸福だった〉

バクチ菌のパンデミック症状にはいろいろある。「ニッポン女は尻軽で、安い」とのひどい評判に留学という名の日本行きが流行した。日本の大卒平均的初任給が十七ドル余。一方軍作業は三百ドル余、しかも為替差益は二、三倍とくれば浪費三昧である。そんな留学生の生態を、喜屋武《きやん》善一という留学生が太郎に報告している。

〈日系二世はおしゃれで異性と遊び慣れている。日本円が安いので金づかいが荒い。享楽本位で内地の学生より勉強しない。浮薄で眞の日本魂に欠けている。ピンと引きしまった者は滅多に居ない。日本人の方が上等だ〉

太郎はなんとかしないととおもうが、何しろ日常が忙しい。そういうある日、沖縄の自然神が現れた。

「九歳のじぶんにした誓いを、裏切るのかい？」

太郎は「泉水口《せんすいこう》」へ走っていった。そこで祈願している。

「ぼくをみんなのために立たしてください！」

泉水口の説明はないが、清らな泉の湧く洞窟《がま》ではないか。沖縄の伝承によると、洞窟の口はニライカナイ――人類のユートピア「竜宮城《りゅうぐうじょう》」の入り口である。

何かひらめいたか、太郎はかけもどるとエジソン研究室へとびこんだ。広くはないが機能的に整頓されている。ペンをとり早稲田の山本教授にこう書いた。

〈一年待ってください〉

なにしろ船便だから、返事はひと月あまり後。野太い文字ででかく簡明にただ一行。

〈学問の森は逃げない〉

皆までいわずにわかる。十分だった。

シャラップ！

太郎は泉水口でのひらめきを、親友の岡本善太に相談している。

かれは打てば響く男だったようだ。即座に「ハワイ青春の琉球盆踊り？　軍拡工事に血迷う二世の救済にかね？……そうか、狙いは読めた。ニッポン村の破壊工作だ」と冗談まじりに「ガラスの鎖国を祭りで断ち切ろうってわけだ」といった。多民族社会のハワイで日本人はニッポン村に閉じこもる、そのありさまを〝ガラスの鎖国〟と評したのである。じっさい青春たちはニッポン村の閉鎖性に窒息しているのだ。

「うん。ハワイ青春の琉球盆踊りか、いいねえ、琉球ってところがことさら挑戦的でいい。だってニッポン人は沖縄を差別し排除するからねえ。その両者を祭りで衝突させようってわけだ」といいかけて「祭りは一瞬だ、そのあとの寂寥《せきりょう》に、いっそうギャンブルへ逃避するかもな」と悲観的にいった。

その対策は考えてあった。

「ユイマール広場をつくる。カハルウ男女青年会の結成だ」

ユイマールは沖縄の伝統、幼少から太郎に染みこんでいる。貧しいから助けあい分けあう暮らし——沖縄のじいちゃんの「おうおう、持ってけェ」。あの精神である。

「男女平等の青年会か。女は二流、はニッポン村のしきたりだ。夢のようだが、いや、夢に終わらさんでくれ」

太郎は現実に力点をおいて考え行動するのに対して、岡本は理念を重要視して行動の様式を思考するのである。去っていく親友岡本のやせて骨張った肩に太郎は一瞬だが、みょうな影を敏感に感じとっている。

太郎は即座に行動、カハルウ男女青年会の結成を呼びかけた。

いよいよその賛否を問う集会の当日。

「幾人集まるか……」

太郎は集合場所のカハルウ日本語学校へおんぼろトラックを駆る。そのやぶれた助手席では資料と、なぜか七十八回転ネジ巻き式蓄音機が、参加者数の不安のごとく跳ねている。

――二十人も集まれば、の予測は大外れだった。なんと七十五人、三倍以上、しかもうれしいことに数人だが女がいた。女はでしゃばるな、――ニッポン村のしきたりをけっ飛ばす勇気の出現に男どもは驚愕しているが、カハルウ男女青年会はその場で結成されている。会長に選任された太郎はさっそく「ハワイ青春の琉球盆踊り」を提案したがそのとたんに大炎上。

「盆踊り？　琉球の？」「ハハ、おめーらだけやれや！」「そーさ、ジャミセン引っかいて」「飲んでよ、踊ってよ」「うれしけりゃあいいんだ、おまえら琉球人は」などなどと口々に罵るとき。

「シャラップ！」

一喝くれてすかさず、「あたし、キミの構想、聞きたい！」

なんと女。前代未聞、女が公然の場にしゃしゃりでて、男に黙れ！　とはなにごとか！　しかもキミ呼ばわりだ。

女は伊芸《いげい》クララ。十九歳。清らな眉、大きな黒目、高い鼻梁《びりょう》、もの言いたげな濡れた唇──写真のクララは美しい。

太郎はクララのいきおいに乗った。

「ハワイ青春の琉球盆踊りは、ガラスの鎖国の開国である」

「ガラスの鎖国」にポカン、としたらしいかれらに、太郎は岡本との対話を簡潔にのべている。

盆踊りは投票となった。その結果はなんと、わずか二票の差で否決だった。

太郎はこの事態を想定し、対策がしてあった。二世でも十八歳以上の人口調査である。調査によると裏オアフのカハルウ奥地の日本海外出かせぎ人村に、男女二百三十人もいる。沖縄系は多い、それも中城《なかぐすく》村字島袋《あざしまぶく》系だけで二十三人を数える。だから、提案がすんなり通るとは考えなかったのだ。予想のとおり、反対の多くはウチナー人。というのも、そもそも沖縄に盆踊りはない、ヤマトの夏祭りなのだ。ここで太郎は用意の新聞資料を読み上げている。

〈琉球盆踊り花盛り〉の見出しに、〈本年はいかなる廻り年にや、近来になき琉球盆踊り〉（日布《にっぷ》時事一九二六年八月、掲載日不明）

沖縄にないものがハワイにあったのである。ハワイの琉球盆踊り事始めはいつか。それは不明だが、この年には盛況だったとわかる。つぎはその七年後の記事。

〈盆踊り大会に琉球踊り優勝〉（日布時事一九三三年七月二十三日）

ハワイのウチナー人は歴史的仇敵のヤマト、そのヤマトの大衆文化の華、盆踊りを吸収、「琉球盆踊り」に昇華して、ヤマトを超える芸能に仕立て上げていた。この快挙にウチナー人は賛成に転じてハワイ青春の琉球盆踊りは成立した、そのとたん。

「ハアーッ！」

右肩上がりの黄色いおたけびが夜のカハルウ日本語学校をつきぬけた。太郎のやることは何でも意表をついている。あの助手席で跳ねていたねじ巻き式蓄音機がいきおいもよく七十八回転、SP盤が歌うのは小唄勝太郎の東京音頭、これはヤマトのカチャーシイだ。レコードは発売の一九三三年（集会の二年前）だけで百二十万枚を売り上げたという。ハワイでも買えた。可決のその日から、太郎は「盆踊り日誌」をつけている。

一九三五年六月八日土曜日。於、日本語学校――ようやくにしてカハルウ男女青年会とその門出の祭り、琉球盆踊り会が正式に取り上げられた。

タクアン先生

一九三五年六月二十二日土曜日――買い物リストを作った。

……深い闇にあかりが一つ。太郎はハワイ青春の琉球盆踊り、その準備会場、カハルウ日本語学校にただ一人、買い物リストを作っている。祭りの準備も十四日目というのに、この日までクララも岡本も、だれも来た様子はない。祭りはいっとき、長くやっかいな準備活動でこそ、人はつながりあえる。

さて、リストに目をやると、那覇《なは》のマチグアー（市場）のざわめきが聞こえる、匂いが立つ。豆腐、米、酒、アブラゲ、ゴボウ、干しエビ、ごま、味の素、竹の子、タクアン、てんぷら材料、煮染め材料、氷、ワリバシ、チョウチン、ロウソク、線香、三線《さんしん》糸、タオル、踊り用タヲル、扇子、紅白の布、縄、幕、のり、赤インキ、ペーパーカップ、テープ、筆、ヤグラ用紅白の布、電球、ペンキ、墨、等々……、よくもまあ、一人でこれだけ思いついたものだ。

盆踊り日誌は晴れの舞台の詳細な設計へとつづく。これらに太郎の細やかな気性を見るが、完璧な人間はいない。

翌日曜日。太郎は早朝からの畑仕事に一段落つけて午後三時頃、ホノルルへとコオラウ山を越え、リストの買い出しにでた、その帰り道。

「しまった！　醤油《しょうゆ》を忘れた」

なるほど、リストにもない。闇の山道を引き返している。いまのカハルウへの道は快適なフリーウェイでドライブも心地よいが、その時代は細い山道、片側は峻険な山、反対は急な崖、それも未舗装、闇夜に車で方向転換はいかにもおそろしい。

カハルウ日本語学校へもどるとあかりが灯っていた。あのシャラップ！　の女、クララが夜食をととのえて待っていた。クララがくると男どもがくる。すると女どもがくる道理。人数がふえて準備は軌道に乗ったそのとき、やっかいが生じた。

盆踊り日誌、六月三十日日曜日。カハルウ日本語学校——ホノルルを寄付金集めに回る日。午前七時、出発時間だが集まらぬ。

定刻から一時間と十五分もすぎて一人現れたが開口一番、「後見人がおらん、俺は行かん」。ニッポン村の長老は寄付金集めには後見人が同道、との条件を付けている。ニッポン村は全七区になり、盆踊りの後見人は総計三十数人もいる。さらにその上には世話役が七人もいる。だが最終的責任者はあいまいな日本方式である。

太郎はその日の後見人、「先生」と尊称される人物宅を訪ねると「先生、きのうは夜釣りに行って、ただいま熟睡中とのこと。何度も訪ねたがついに起きてこられなかった」。というわけで後見人ぬきで、集まった九人がホノルルをかけまわること約十二時間。寄付者名簿には百六、七十人が連なっている。沖縄名が一番多く、ヤマト名がつぐ。数名とはいえ他民族もまじっている。太郎の胸はふくらんだ。

「これは虹の名簿だ、七色はだんだん濃くなる」

その時、ひと悶着《もんちゃく》起きた。ようやく目覚めたか、くだんの先生が現れ名簿を一瞥《いちべつ》、いきなり糾弾。

「だれに断り寄付をあつめに行ったか？　それを決めたのはだれだ！」

後見人のじぶんをさしおきと、――まずはじぶんの面子。これに太郎は事実を臆せずのべた。するとと先生、ぶどう蔓《つる》のようにねじくれ曲がって固まった。

「ならば、どうして日延べしなかったか！」

〈先生は僕にばかり、一生懸命につめよるのであった。それも何度も繰り返された〉

「で、いくら集めたか、なに、百五円？　盆踊りは最低百五十円は要るぞ」（ドルを円といっている）

これに太郎はおだやかに返している。

「ではあした、世話人さんたちに相談しましょうねぇ」。すると先生カンカンと怒った。「だめだ！　たくさんの世話人が集まれば反対反対の意見百出してやぶ蛇をだす、かえって悪い！」

太郎はあくまで冷静だから、先生はなおさら興奮する。

「おい太郎、おまえ、気がコーフンしておるな。今日は相談にならんな！」

痛々しいというほかないがその翌日。タクアン、煮しめ、てんぷらでまたひと騒動起きている。祭りに出す弁当のおかず、タクアンに先生はカンカンと怒った。だがその理由はさっぱりである。

「タクアンと煮しめとてんぷらは先輩方に相談して、ぜひとも必要だ、必ず作らないといけないと、指示を受けたことです。すべてのことは、こうこうすればいいと指示されてすることです」

理を通す太郎にひとこと「そうか」といえばよかった。だが先生は「ではなにか、太郎、君は昨日のあのことを皆に話して回ったのか」とつめよった。「あのこと」夜釣りで眠りこけた自己責任問題を太郎はいいふらして回った、そう勘ぐったらしい。これが世話人に相談禁止の真相だった。さすが太郎はタンカを切った。

「僕は馬鹿ではない。そんなことを言って回る馬鹿ではない！」

盆踊り日誌、七月四日――盆踊りは七月十三日土曜日、十四日日曜日の二日間。あと九日である。

＊

盆踊り日誌、七月六日土曜日――ヤグラ建ての日。その木材の切り出しに十一名が山へ入った。七時半出発、トラックで二往復。百五十本位も切って終わりは十時半頃。

前に太平洋を望むコオラウ山は千三百メートルがとこのやわらかな山並みだ。うっそうとした緑は沖縄の山原《やんばる》地方を彷彿《ほうふつ》させて太郎は好きである。たおやかなスロープの中腹の、黒く濃く生い茂るガジュマルの樹《き》の下で、青春たちは深刻な悩みを打ち明けあっている。

「都会のやつら、どうやって女を捕まえるんだ?」

娘たちはつぎつぎホノルルへ、カリフォルニアへ、日本へと村を出ていってしまう。これは男も同じだが、ここにいるかれらは生《いのち》を育てる仕事、農業にふんばる覚悟を決めている。その誠実な青春たちが異性に飢渇《きかつ》している。農園、土、雨、小川べりの草花、春の光りにタンポポが金色に輝いて、さとうきび畑、風、葉のざわめき――太陽、月、星、働く汗。朝はきちんと朝だ。昼はきちんと昼だ。夜はきちんと夜だ。こんなにもきちんとした自然が、最良の人間をつくる自然が、女を都会へ追いやっている。

ヤグラが完成。さっそく踊りの稽古《けいこ》に、九十八名が集まっている。もり上がったもののニッポン系ばかり、多民族の肌色が溶けあうグラデーション、この期待は裏切られている。

盆踊り日誌、七月八日月曜日晴――稽古は遅くから始めた。

じつはこの日、大火災が起きている。その新聞記事がある。

〈カハルウ奥地にタロイモ、バナナ、パパイヤ等を栽培して居る比嘉亀三氏は家族とともに畑に行ったところが、火事を発見。ようやく消し止めたが相当の被害。出火の原因は、飲み水を入れた一ガロン(約三・八リットル)の瓶がレンズになって、そばのバイクに火が付いた。ついこないだも山火事があって、その熱が冷めぬうちの火事だった〉

長い暗黒の不況を切り開き、故郷、沖縄の中城村《なかぐすくそん》は字島袋《あざしまぶく》へ凱旋《がいせん》のメドがたったその矢先の焼失である。亀三に壊滅的ダメージとなった。しかもこれはなんと三度目だった。亀三は再起の意欲を消失してしまった。

盆踊り日誌、七月十二日金曜日――本踊り前日。曇り。

クララ。かの女はじぶんのするべきことをテキパキと片付けてさっさと帰ってゆく。その機敏な体の動きに、太郎は近代化したまぶしい花の東京を見ている。いまだ知らぬクララは、いまだ知らぬ花の東京、未知へのあこがれは、遠いほどいっそう輝いて、近くに感じるものだ。

この日、太郎はかの問題に断を下した。

「先生、やはりタクアンお煮しめと天ぷらは準備します」

本番の七月十三日は大雨となり、一週間の延期となった。

青春の琉球盆踊り

盆踊り日誌、昭和十年七月二十日土曜日――ハワイ青春の琉球盆踊り初日の朝。快晴である。

緑のコオラウの山並みはたおやかな女の曲線を描いて青い空へと盛りあがっていく。午前八時前。はやくも炊事係は準備をはじめている。時はいそがしくすぎていって、踊り子たちはぞろぞろぞろと、夕映えに湧いてくる。それも七色の虹、しかもだんだん濃くなってゆく、色々な民族衣装が混じりあっている。

「踊り子数はこれまで（稽古《けいこ》）の最高、三百人あまりになった」

八時十分かっきり。舞台は明かりの中にまぶしく浮きあがった。と、かんぱつ入れずドドーン！カッカカ、カッカカと、にっぽん太鼓がとどろけば、沖縄三線《さんしん》、笛、太鼓にバイオリンがのりにのる。ウチナー音色《カチャーシー》とにっぽん太鼓がたがいちがいに競いあいクロスする。色っぽくも乱れる浴衣の蹴返《けかえ》し、芭蕉布、ポリネシアン、フィリピーナ、チャイニーズ、コリアン、ホワイト、ブラック、色とりどりの民族衣装がピンポン球のように跳ねている。太郎は書いた。

〈コオラウの山々に、かつてこんなに笑いが木魂《こだま》したことはない〉

ガラスの鎖国、ニッポン村開国の祭典が始まった！　太郎は親友、岡本善太を目でさがしたがいなかった。そういえばあの初会合の時にもいなかった……。

盆踊り日誌、九時二十五分――ひと休みして皆さんにごはんを配った。おかずはタクアンと煮しめ。これが大好評で足りなくなった。車の数百四十台以上。

盆踊り日誌、九時五十分――盆踊り再開。二十五分の間に踊り子の数はなんと三百二十人と増えている。見物人を入れると七百五十人！

――そして明かりが消えた。

圧倒的に深く濃い闇、異様な静寂がきた。初日の終りである。

盆踊り日誌、七月二十一日。青春の盆踊り二日目、最終日――今月に入っていらいの好天である。日本語学校の前、ワイヒイ・ロードの右手から左手からひっきりなしにヘッドライトが闇を切り裂き、にぎやかに華やかに向かってくる。もどかしげにドアがうち開くと色とりどりの民族衣装が飛び出してくる。

盆踊り日誌、九時——踊り子二百三十人。見学者数三百五十人。自動車数七十五台。九時半、踊り子および見物人総数七百五十人位。自動車数百台。盛大なり。

——太郎の目はクララを追っている。歩幅を広くとってまっすぐに歩いている。飲み物を運ぶ先に、女たちが円座にすわっている。丸い豊穣にむきだしの生《いのち》、赤ん坊がすいついている、取り替えっこしてすわせている、万国共通語のうれしい笑顔をして未来をのぞきあっている。クララも形のよいおっぱいを丸出しにすわせてほほ笑んでいる、ゴーギャンのタヒチの女を想わせている。とつじょ、にっぽん大太鼓が大爆発、瞬時もおかず、

アッ、ハアーッ!

小唄勝太郎の陽気が空気を切りさいた。すると、アッ、ハッアー! 色とりどりのピンポン球たちが歓喜の大合唱。ハアーツ、チョイトナ、ヨイヨイ、サテ、サノ、ヨイトナ、ヨイヨイヨイ——、民衆はこれだ。こんな能天気な合いの手ばかりの東京音頭はだれだって一度でおぼえて和となり輪になり広がり上っていって、カハルウの村の端どころか、湾の向かい(数年後に日本軍の奇襲で壊滅するとも思わずすすむ建設がすすむ)カネオへ米海軍基地まで届いたことが、いまも伝えられている。ハワイ青春の琉球盆踊り、そのフィナーレである。空をあおげばたまげるほどの星、星、星が、天空の織物といったふうに奥へ、さらに奥へ奥へと織りこまれていった。……

「盆踊り日誌」にはすがすがしくただ一行きり、そして閉じられる。

〈これで済んだのである〉

一九三五年、比嘉トーマス太郎十九歳、ティーンエイジャー最後の夏であった。

BOY BE AMBITIOUS！

二人はダイヤモンド・ヘッドの黒い影を正面に、ホノルル・アラワイ運河のほとりを歩いている。盆踊りから七日後の夕刻である。

「準備、できた?」

太郎をのぞきこむクララ。東京留学をけしかけるのだが、じつは彼女は見合い話が進行中だった。これを太郎はまったく察していない。

「……東京、……まだ遥《はる》かだなぁ」

めずらしく煮え切らぬ太郎の気持ちを、クララは測りかねている。

じつは裏オアフのカハルウの奥地、カネオヘに大変化が起きていた。海兵隊基地工事が本格化、労務者の大量募集に若い二世は浮き足だった。この当時の二世の平均年齢は十四～十七、八歳である。その日銭《ひぜに》はバクチ菌、あげくはよくある話、借金を背負い夜逃げする者、もろともに崩壊する家族。太郎のノートに、荒廃の農園に呆然と立ちつくす母たちの切ない姿がたびたび描写されるようになる。こんな大事が盆踊りからわずか七日の間に起きていたのだ。

「ぼくはなにをするべきか」

「……ターロウ」と英語訛りのクララ。「わたし、お父様の心配ばかりと思った」。

「それも大きい」

「やり切ったのよ、お父様は」

とわかったような愛想をいうクララを太郎はきっと睨みつけた。

「親父は燃えつきたんだ」

その燃えかすを、セピア色の古写真が覚えている。呪い殺してやる、といった表情の亀三、体は沈みそうに疲れはてている。口をへの字にひん曲げ、眼は底知れずの暗い憎悪の穴ぼこだ。横の母カナは深淵のここが私の終《つい》の場所、といった諦念を濃くただよわせている。農奴―小作―自作農―徐々の農地拡大とふんばってきて、いよいよ「上り」の寸前、たかがガラス瓶の水と光の科学作用に「ふり出しに戻る」であった。過去二回はもちなおしたものの三度目の正直だ、さすがに燃えつきた。亀三はこわれた金銭製造機だが、まだ四十八歳である。

しかし奇跡は起きた。

「やる！」

父は再起を家族に誓ったのである。息子らに〝ウチナーンチュの底力〟を見せつけた。そうくれば息子としてはやるほかあるまい。この決意を知らないクララはたたみかける。

「あなたはあなただよ、ターロウ。Boy, be ambitious! 才能をニッポン村に埋もれさすな」そしてなんと宣言したのだ。

「あたしも行くわ、東京へ！」

クララは見合いをぶち壊す、太郎を選ぶという。これは日本海外出かせぎ人社会にはありえない選択といっていい。どういうことか。太郎はこの先もあの九歳のじぶんにした約束を裏切らないだろう。だから太郎には貧乏と苦労がへばりつく。貧乏ゆえの海外出かせぎ人に、貧乏は罪悪なのだ。クララの親は二人の結婚を決して認めまい。

太郎は答えた。

「クララ。どこかのことわざだけどね、遠くへ行くならみんなで行け、って」

クララは応じた。

「急いでゆくなら一人で行け、ともね、ターロウ!」

二世の救済そして比嘉家再興、重荷は二つ。かくして、遠くへ行くならみんなで行かねばならぬ太郎に、クララはそっけなくいった。

「帰りましょ」

このとき一九三五年七月二十八日、日曜日。

にっぽんブームの中で

比嘉トーマス太郎。かれの名は水車発電機とハワイ青春の琉球盆踊りなどなどで、ハワイ全島のニッポン村に知れわたっていた。それである企てが可能になったわけだが、その実行にあたり岡本善太に意見を聞いている。こういった。

「ぼくら二世というやつは、居場所がない。精神的にも文化的にもニッポン人とアメリカ人のどっちになりたくてもなりきれない、どっちにも同化できない、異邦人なんだ」

そしてつぎにいったこともまた、二世にとって深刻な事実であった。

「というのに、親たちが儲けてニッポンへ帰るときは、家族全員、を強制するんだが、二世にニッポンは外国だ」と。

「われわれ二世はニッポンの外の眼だ。ニッポン人の様子がリアルに見える。七千万ニッポン人はそろって同じ発想をし、いっせいに同じ行動をとる、そして異質を肌感覚で排除する、一種の凝固集団だ。そんな親の祖国の人になれって強制は、死人になれと同義語だ」と激しいが、つづけて「ここハワイは異文化を受けいれようとして衝突が起きる、衝突からは新しい何かが誕生する、野性的じゃないか」

太郎は岡本にこう応じている。

「そうか。われらは新しい、新しい種族だ。同化は不要だ」

「新しい種族、すばらしい！　新しい種族、すてきな発想だ！　こんな新鮮な感性が民主主義を、春の青草のように生き生きさせるのだ」と岡本。

「親は親としておこう。われら二世はじぶんの居場所をつくるのだ」と太郎。その企てに入る前に、移民二世について少々知識が必要となる。

二世には「純米《べい》二世」と「帰米《べい》二世」がある。「二世」は両者をいう。

純米二世とは、アメリカで生まれ育ち、日本経験のない者をいう。

帰米二世とは、親は祖国への凱旋《がいせん》にそなえ、子には外国のニッポンに留学などをさせて、帰国した者をいう。その日本滞在人口は流動するが一九四〇年、すなわち日米大戦争前の最大数は二万人を超えるという（C・マックウィリアムス『アメリカの人種的偏見』）。開戦時には一、三千人が在留といわれるが統計はない。男は学徒動員などで多数が戦死、女は謀略放送などに従事した。その一人が東京ローズである。通訳もいた。その一人、三木武夫（のちの首相）の書生、川北友弥は日本敗戦後に帰米したところをFBIが逮捕、「アメリカ国家反逆罪」の重罪で死刑判決が確定している（下嶋哲朗『アメリカ国家反逆罪』）。また、ハワイ出身のある二世の男は日本軍に徴兵されたがために、川北事件の死刑判決におびえてハリウッド映画「逃亡者」さながら、北米大陸中を逃げ回ったあげく、逮捕されている。

またかれら在日二世にとって日本は、日本の異質排除の物差しで測られ、なじめぬ国・ニッポンであった。一方の生国アメリカは、ことに言語、生活習慣、文化において遠い国であった。——どちらの国にも同化できないのである。

比嘉トーマス太郎は帰米である。そのじしんを含めて帰米二世を〈どちらにも馴染《なじ》めない奇形児〉とまで称している。二世でもことに帰米はアイデンティティ喪失者であった。

——

太郎の企てに戻ろう。

軍拡工事の金とバクチに走る二世でも農業へ呼びもどすべく、太郎はハワイ全島の各青年会に呼びかけた。その各代表者による「一心会」をホノルルに結成。これは各青年会の経済を含む支援組織で、カハルゥ男女青年会も傘下に入っている。さらに一心会の支援下に、ハワイ全島の「字島袋《あざしまぶく》男女青年会」をホノルルに立ち上げた。後者でかれは高らかにうたいあげた。

「われら青春の二世は、新しい種族である。独特の新しい人間である」

「新しいわれらの道は、新しいわれらじしんが拓《ひら》かずば、だれがひらくか。われらのワダチを三世四世がたどってくる。われらはその道標なのだ。責任がある。そのために論談、論究、議論し、精神を研ぎ澄まそう。ここ、字島袋男女青年会は、その青春の広場である」

太郎の呼びかけに青春たちはぞくぞくと集まってくる。だが事は思うように運ばなくてふつう。時局は、ナチスのヨーロッパ進撃、アジアでは日本軍のアジア進撃と荒れくるっている。帰米二世は親日派に、純米二世は親米派に分裂して対立、戦争か平和かとなるが決裂、一足早い開戦となるわけだが、腕っぷしの強い連中であれば並大抵の特攻ぶりじゃなかったようで、女はそのものすごさにキーキー悲鳴を上げるしで、ついには「出て行け！」と大家がどなりこんでくるしまつ。

だが太郎に手抜かりはなかった。打開策は考えてあった。「書くこと」である。書くことで、じぶんのぼやけた、あるいは混乱した考えがはっきりしてくる――それは暗室で、空白を現像液にひたすこと。やがてはるかなる霞の中に何者かがあらわれる、さまよいながら、だんだん近づいてくる、明らかになってくる、おれだ。新しい光にもっともきらめいたおれの一瞬を見のがすな。稲妻のはやさで定着し、清水に洗え――。太郎は即座に会誌の定期発行を決断、すぐさま編集委員会を結成し、ひろく原稿を募った。このとき一九三八年三月。編集して十一月一日印刷所に入稿。

インクの香りも新鮮な第一号が刷り上がった。表題はひろびろと「洋上・ＹＯＪＹＯ」。しかし原稿の集まりは悪かったようだ、薄い。奥付を見る。

〈非売品。第壱巻Ⅰ一月号。昭和拾三年十一月一日発行／編纂者・喜屋《きやん》武善一、宜野《ぎの》座《ざ》清一、比嘉春枝／発行者・布哇《ハワイ》県ホノルル市、島袋男女青年会〉

とある。が、なぜか比嘉太郎の名は見えない。

目を引くのは編集者に女性の登用で、その初号にさわやかな風が吹いている。

何と言ふうららかな朝だろよ
娘達の一かたまりが道ばたで
たちばなしをして居る
うれしさうに笑っている
そこだけが馬鹿に明るい
だれもかれも其所を通るものが
まぶしそうに見える。

青春のきらめき。その一瞬の光をとらえたまぶしい詩は、はて、いかにしてハワイまできたか。若き海外出かせぎ人が胸にそめ、海をわたってきたか。山村暮鳥《ぼちょう》の「朝」（一九二五年）。さわやかな風に水色のスカートがひるがえる、しぶきがまぶしく散る、そよかに青春が薫ってくる、

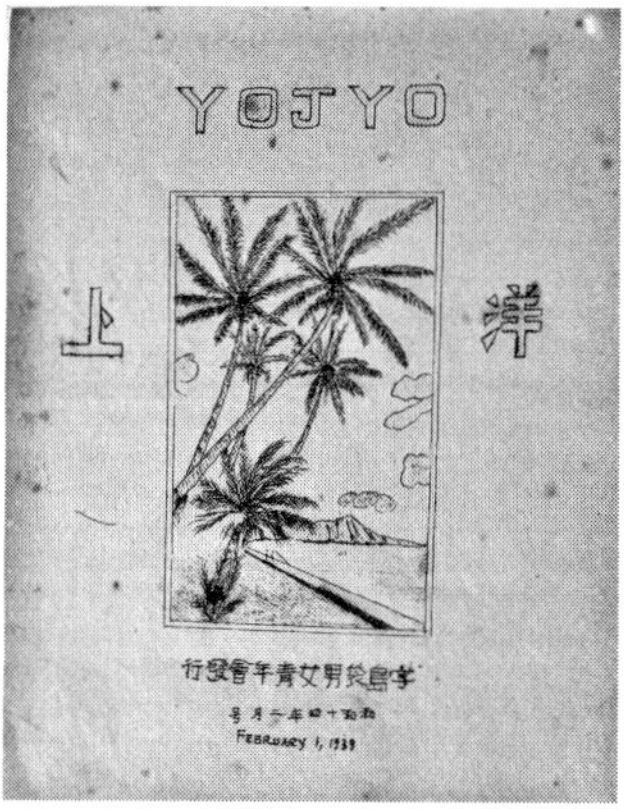

「YOJYO　洋上」
（第２号 昭和 14 年2月号）

島袋男女青年会発行の
「YOJYO　洋上」（第1号）

——元始、女は太陽であった。女は内から輝くのだ。そのまぶしさに男はめくるめく。けれど投稿者は女、それも理知的な笑顔の編集者、比嘉春枝ではないか（投稿者名はない）。かの女は「朝」に触発されてだろうか、歓喜を投稿してもいる。

　春、華やかで楽しい希望に燃える時。よく晴れわたる空に自由に飛び回る小鳥、日向に咲く美しい花のような、春。

　若い女の身体いっぱいにひろがる春、その中で、自由がはばたいている——小鳥、花、希望、まぶしい光が乱反射している。

　奥付に比嘉太郎の名はないが編集後記に、胸に熱き思いと自信が燃えていた。

〈この生存競争の激しい世の中、しかも世界人の集まるハワイで、一人立ちは何とも心細い。幸い、私たちには字島袋《あざしまぶく》男女青年会という統一機関があるか

日本の軍事費の推移

国家財政に占める軍事費の割合　(%)

年度	軍事費　単位：万円	国家財政に占める軍事費の割合 (%)
1934	9億4,839	43.8
1935	10億3,923	47.1
1936	10億8,545	47.6
1937	32億9,398	69.5
1938	59億7,905	77.0
1939	64億8,957	73.7
1940	79億6,349	72.5
1941	12億5,153	75.7
1942	188億3,674	77.2
1943	298億2,891	78.5
1944	735億1,494	85.3
1945	552億4,289	72.6

ら、どんな難所に逢着しようとも、力強く処すことができる〉

世界は戦争に荒れ狂っている。社会は勝ち組だ負け組だと争っている。けれどもわれらは結束した、もうだいじょうぶだと。

比嘉太郎、若きリーダーの面目躍如のそのとき二十二歳。〈一年待ってください〉と早稲田の山本教授に書いて、はやくも三年がすぎている。

そんなある日、太郎はある人物から自嘲《じちょう》的とも挑戦状的ともいえる手紙を受け取っている。

〈太郎君——。日本陸軍の青年将校は斎藤実《まこと》内大臣、高橋是清《これきよ》蔵相らを殺害、その時我々は沈黙した（一九三六年 2・26事件）。中国で盧溝橋《ろこうきょう》事件を捏造《ねつぞう》（一九三七年七月、日中全面戦争となる）、その時我々は沈黙した。そして現在、やがて〝戦争体験世代〟と

なるに違いない七千万同胞は一致団結し、point of no return を通過しつつある。その先に、きみがいる！〉

興哲舎の浩一さんである。日本へはくるな、との警告とも思われた。発信地は大阪の全国紙新聞社。さすがはジャーナリスト、日米開戦を三年も前に予告している。文面は〈日本は静かだ〉で終わる。言論機関は統合統制、密告と国民監視システム（今はなおさら、マイナンバーとかの国民監視用総背番号）が徹底したから、国家のすることは何でも「いいね」で沈黙、日本は静かなのだ。

一方軍需産業は軍需景気で沸き立っていた。だが貧困の沖縄は処理をまちがうと死にいたるソテツを食った。ソテツ地獄という。東北地方は大凶作で娘の身売り、欠食児童二十万人余、一家心中などと惨状を呈していた。一旦戦争が始まると国民は地獄に墜《お》ちる。当時の国家財政（国債）がまかなった両眼が飛びだす軍事費、その狂気の沙汰を参考に記しておこう。――現在わが国がふたたび向かうその先で確実にまつもの、その予告資料として……。

2　さよならニッポン

運命のモンキー・バナナ

過ぎた三年のうちに、への字にひん曲がった亀三の唇はすこし和らぎ、カナの暗い眼はかすかな安堵をにじませている。――まっすぐ生きてきた、生き残った、これでよい、と無言の写真がいっている。兄敏夫のタロイモが原料で原住民族の主食のポイ製造工場は順調だ。そして、青春のベースキャンプは大勢に守られている、もう安心である。太郎は「洋上・ＹＯＪＹＯ」の創刊者ながら名を出さなかったが、それはある決意の表明だった。東京留学をいよいよ決めたのだ。留学費用も三年越しで貯金してきた。用意万全のようだが一つ、勘定に入れ忘れていた。母である。

母は旅立つ人に特有の気配を敏感に察知したようだ。〝行かないでおくれ〟と無言の哀願をかけてくる。ついうつむく太郎に沖縄の自然神はしびれを切らしたか、ひょいとチャンスを差しだす。それを日記に追う。

一九三八年十一月六日日曜日――ホノルルでの島袋男女青年会月例会に出席するべく途中、兄敏夫と出会った。明朝出荷するべく、モンキー・バナナを言いつかった。

月例会の翌七日朝。太郎はモンキー・バナナを市場に出荷、ついでに新川の叔母なる人の宅に寄ると、二人の娘の日本留学の渡航手続きに同行をたのまれ移民局へ。どうやら叔母には魂胆があったらしい。書類に書きこみながら、「太郎ちゃん」とよびかけ「一緒に行きましょね、日本へ」とまるでとなりの町へ行くぐらいな軽い調子で誘ったのである。十九日の秩父丸、十二日後、あまり時間はない。太郎は決断、手つづきをした。

〈なんたる愉快！　一緒に行く様になってしまった。なんたる愉快！〉

おしつぶされたスプリングがはねて飛び上がったようだ。だが家族に明かせないでいる。出航まであと十一日、眠れない太郎に、シャラップの女が現れて、アレを言った。

「急いで行くなら一人で行け！」

翌九日、水曜日。朝。――父に、移民局はすましたことを話し、帰国の承諾を得た。

だが母は頑丈な岩のごとく動かない。日記に複雑な心情をさらしている。

〈母は父より以上に、ぼくを愛している。なぜなれば日本行きを好まないから分かる〉

いたいけな太郎を置き捨てにした罪の意識が、「二度と別れん！」といわせるのだろう。太郎にも消えない深い傷である。が、ついに「母よりも承諾を得た」。けれど、姉と兄にはまだ話していない。そうと知った叔母は「太郎さんの日本行き、ヨシ子（太郎と置き捨てられた姉）さんは大丈夫と思うけど、でも敏夫さんは、……どうかしら」

叔母は承知していたようだ。敏夫は太郎の日本行きに大反対だった。太郎はといえば不安はぜんぜんなかった。ほかでもない、十二人きょうだいの三人だけに通じあう、沖縄置き捨て事件、あの恐怖と悲しみに、三つの魂は一つ、絶対の同志である。

しかし同志は太郎を裏切った。ヨシ子は即座に賛成したが、敏夫はガンと猛反対。秩父丸の出港まであと七日。太郎は兄に最後通牒を発している。

「これはよくよく考えた上でのことだ。反対してもだめだよ、兄さん。ただぼくは、また戻ってこいよ、と願いをこめたレイをかけてもらい、家族みんなの笑顔に見送られて、出発したいんだ」

ついに敏夫は折れたものの、こういった。

「わかった、行け。ただし、じぶんの金で行け」

長い苦労が、兄をあからさまな金銭製造機と化していた。だがそのこころに、沖縄の自然神は問いかけていたのだ。

「それはおまえに、なによりも、なによりも、たいせつなものなのかい?」

なんと、敏夫は成功させたポイ製造工場を潔《いさぎよ》くも手放してしまう。そしてロサンゼルスのウチナー人社会へ出奔し、かの地で沖縄民族の伝承人《びと》になるのである。

〈兄は頭脳体躯《たいく》に恵まれていた〉と太郎。重労働にポパイになった体が窮屈に正座して、丸太の腕に三線をかかえてうち弾《ひ》いている。その敏夫の写真に沖縄民族の伝統文化の誇りが、そしてなによりもじぶんは気づかぬゆえの、気高さがただよっている。

一九三八年十一月十七日。出発の前々日――タクアン先生に別れのあいさつにいった。

「かならず志を果たして還ります」と誓う若者に、日本の匂いプンプンのタクアン先生は馬のような顔をゆがめてしんみりといった。

比嘉亀三とカナ

日本へ旅立つ直前の太郎

「今度あうときはいつかわからぬが、きみはどんなにか、りっぱな人物になっているだろう。私はそれを楽しみに待ちましょう」。そしてうち明けたのだ。

「私は陛下の御膝元に戻るまでは、タクアンと日本茶を断つと決めておるのだよ、それで……」

これがあの意固地タクアン騒動の理由だったとは……。太郎はあっけにとられている。「ハンバーガとコーヒー断ち」のほうが説得力があっただろうと――。

タクアン先生はつぶやいた。

「今度きみと会うとき、そこは、陛下のお膝元か……」

――数年後。二人は意外なところで再会する、敵国人として。そこは米本土の敵性外国人収容所。それも特に危険思想の持ち主、と烙印された者らがぶちこまれた「隔離所」である。

*

日記。昭和十三年十一月十九日土曜日――歓喜！　遂に日本行きの日は来た。

その筆の勢いはよい。ホノルルの港。のぞんだように、たくさんのレイの中に、太郎の微笑は埋まっている。農民の若者は、新調の背広に白いシャツ、ストライプのネクタイを結び、斜にかぶった中折れ帽子、粋だけれども板についていない。

ドラが見送り人の下船をうながす。賢くて愛らしい妹の春子が兄の胸にしがみついていった。

〈またいつ逢うかわからないのよ……、と言った時、自ずと泣いてしまった〉

太郎のぶ厚な手が妹の小さな肩をつかみ、大望を語っている。

「兄さんは何のために日本へ行くのか。それは全人類のために、科学研究のためにだよ。この見送りの人々のためにも、ぜひ成功して帰る。その出発なのだ」

秩父丸はゆっくりと、少しずつはやくゆっくりと、ホノルルの岸壁を離れていく。湾を出ると太平洋を北西、あこがれの日本へと力強くかき分ける。一望となったダイヤモンド・ヘッドめがけて「よし！」と大きくうなずき、レイを投げこんだ。「もどる」とのハワイの風習である。船上日記第一日目にこう書いた。

一九三八年十一月十九日――僕は一人だが恐れる物無し。じぶんが頼もしい道連れだ。

――青春よ、大勢にふみ固められた大道を歩くな、留まるな、旅に出よ！

ばんざいばんざい、日本だ！

十一月の太平洋は名に反して荒れるという。同行の新川親子三人はたちまち船酔いに苦しんでいる。太郎はじっとしてはいなかった。太平洋の女王と称された秩父丸の体内をすみずみまで観察、それを「洋上」誌に投稿している。三等船室へ下る鉄階の一段ごとに、むっと生暖かい機械油と汗と汚物の匂いが強くなる。どぶに捨てたぼろ布といったふうのさま、敗者の帰還である。移民は棄民というだけあって、民衆生活の公的な記録はじつに乏しい。ことに船中記録は皆無といっても過言ではない。ゆえに以下、太郎の棄民も敗者の観察記は貴重である。

　青白く鋭い視線が上等服の太郎を一斉攻撃する。不良品だスクラップだとうち棄てられた金銭製造機が叫んだ。

「や、やかましい！　ガ、ガキャア、し、静かにしゃあがれッ！」

　尖ったいらいら声が低い天井にビンビンはねかえる。これに連れあいだろう、ざんばら髪の女が泥のような重い口調でおずおずと、希望について言った。

「いいじゃないかいアンタ、元気でさ、うちら、もう、ガタガタだよ。これから先はアンタ、この子らだけが頼りだ、子供の成長を楽しみに、うちら生きていくんだよ」

　アンタはぐったりと沈黙、安物の洋酒をビンから直接ぐびぐび飲んで「クソォ！」と怒鳴った。

「ど、どうせおれァ失敗《しくじり》モンよ、ど、どの面……、け、帰《けえ》れるだけ上等だワ！」

　太郎が日本行きの一九三八年の沖縄出身者だけでも「失敗《しくじり》モン」の悲惨な事件は十指にあまる。当時都会ホノルルでの生活費は五人家族で月七十ドル（うち家賃十三ドル）、三等船賃とほぼ同額の金にも窮した。じっさい「恥」を忍んで帰れるだけでも「上等」なのだ。（比嘉武信『新聞にみるハワイの沖縄人90年』戦前編）

　亭主はせいいっぱいの自尊心をいう。すると異常といっていいほどやせた、ひろい分だけ青白さのよけいに印象的な額の、いかにもインテリふうの、どことなく岡本善太の影をひくような若い男が、ちびたタバコをくわえてこういった。

「ある流行小説家がな、日本人と言えば非難と干渉の国民だと毒づいた」そしてだれにともなくというかじぶんにというか、いった。

「ちまちまとせこい日本の村意識の中での再出発は、ハワイの日本村よか百倍も厳しかろうぜ。これからはじぶんの下《げ》よりもな、じぶんの中の最高を探すが一等肝心なんだ」

――敗者は、人間の大切ななにかを学んでいる。だが敗者の肩をたたき、偉かったなあ、よくがんばった！　と励まさずに非難し、ぶっつぶす。それが日本人の性《さが》だから、じぶんの中の最高、それがさいごの頼りだとインテリふう男はいうのだった。男はもはや〈日本の事物国柄一切をなつかしみながら否定した〉（高村光太郎「巴里」）のだろう。

インテリふう男はごろんと寝ころぶと、くるりと背中を見せた、肩が骨ばっていた。やっぱりどこか岡本善太の暗い影を引いていた。

逃げる家族。――太郎は〝負け組〟を記しつつ、なにを考えただろう。彼ら海外出かせぎ人は故国に失敗し、ハワイ出かせぎ移民に失敗し、さいごの宝《たから》、生《いのち》までしくじっちまうまえに、最後の旅、故郷帰還の旅をしているのだった。その一家が、比嘉一家であっても不思議ではなかった。

かれらは読み書きに不自由な者が多く、太郎は仲間に贈られた「上等万年筆」を役立てている。帰国書類を代筆してやっている。そうしながら敗者の帰還のその先を案じている。

ところで十一月二十三日付けの船上日記がない。

二十四日木――昨日、百八十度子午線を通過したため。

むかし、「朝と夜が逆さま！」などと、日付変更線を知らぬ亀三が脅された逸話を息子は知らないだろう、父子の会話は乏しいのだった……。

船上日記――二十五日。ホノルルよりも横浜が近くなった。

出航から丸六日目、海風の凍てつきがだんだんと鋭くなって突き刺さる、冬の日本へ向かっている、近づいている。

一九三八年十一月二十九日火曜日――波間に富士の山が白髪を見せた。敗者たちは興奮状態となった。両手を高々と上げて叫ぶもの、両手を合わせて拝むもの。

「ばんざい！　ばんざい！」「ああ、日本は美しい」「ナムアミダブツ……」

太郎には十一歳にハワイへ戻されていらい、十一年ぶりの日本だ。日記に大きく乱暴に書いた。

〈憧れの、懐かしき我が國へは遂に来た。何とも云えぬ感である。丁度母のふところへでも帰った様な気である〉

二世は新しい人間、新しい種族といった、そのことばにそぐわぬ感情の吐露、これは太郎のなにを表出するのか、次第に明らかになる。――

いよいよ下船。太郎は代書してやった人たちを案じているが「皆問題なく検査を通過した」。むかし、日本を出るとき、青春の希望をつめこんだにちがいない真っさらな行李《こうり》。いまは茶色に破れたそいつを背負い、風呂敷包みをぶら下げ、アメリカ国籍だろう子の手を引いて、くたびれたような、華やいだような、暗い罪人のような、一種異様な雰囲気の集団のふるさとへの旅。これが最後の旅立ちになりますように、とうしろ姿を見送っている。

遠い道、そして奇縁

東京駅前の広場。荷物をかかえておろおろと、ハワイは裏オアフのカハルウ奥地の太郎はおのぼりさんだ。叔母にしても「親戚とか知り合いがあるわけではなく」さもいそがしげな連中の障害物になっている。冬の陽は駆け足。トロピカルなハワイ人に日本の冬は厳しかろう、あわれを見かねたか〈上品な紳士が声をかけてくれて、丁寧に目的地江戸川アパートへの道順を教えてくれた〉

太郎はめずらしいくらい人に恵まれているが、その紳士を「奇しくも」とか「目に見えない人間の縁」などと形容することになる。

翌十一月三十日。さっそく早稲田大学に山本忠興理工学部長を、新川の姉妹をともない〈姉妹及びじぶんの将来の指導を仰ぐために〉訪ねているが、なぜか面会を断られている。その日は、銀座の三越デパート見学へ。〈あまりに大きいことにびっくり〉して翌日、太郎は新川の姉妹をつれてウチナー人社会のある横浜鶴見区の鶴見高等女学校へ。〈大変立派な学校のように思われ〉入学も許可されたとある。それから靖國神社、明治神宮、増上寺、朝日新聞社、海軍館へ、夜は浅草劇場に観劇といそがしいったらない。そして〈夜（山本の）御宅に訪ねて行ったが、やはり出来なかった〉

山本にはもちろん東京行きは伝えてある。「Boy, be ambitious!」とけしかけ、学問の森は逃げぬ、とはげましたその張本人が不可解なことに逃げている。翌朝電話すると〈明日朝八時、また電話をくれ〉との返事だった。この冷淡を「洋上」に寄稿している。

〈人情不定と言ふ言葉がありますね……実際其《そ》の通りです〉といってすぐさまつづけて〈苦難の其処《そこ》に始めて希望あり、そして発展がある！〉。楽天気質はすべてから喜びをつくりだす。

その日、当時はとんでもない田舎、現町田市の玉川学園を訪れている。これにはいきさつがあった。同園は沖縄の著名な教育者、初代琉球大学学長となる志喜屋孝信《しきやこうしん》につながっている。沖縄県立二中教員時代の志喜屋は軍国主義一本やりの公教育を見放し、全人教育を目指す「開南中学」を創設（沖縄地上戦争で潰滅、廃校）する。全人教育の魁《さきがけ》は成城学園。玉川学園は成城の教員、小原國芳《おばらくによし》の創立になる。その小原と志喜屋は広島の師範学校で同級の仲。志喜屋は開南中学創設にあたり、アメリカ教育もリベラリズムとヒューマニズムを基本とする各校を視察。その帰路、ハワイに立ちより太郎と交流しているのである。「洋上・ＹＯＪＹＯ」第二号に寄稿もしている。そういう仲だから、志喜屋は太郎を学園に推薦。が、いかんせん田舎、働きながら学ばねばならぬ太郎には不向きだった。

十二月三日——山本先生に面会に出かけた。

太郎は山本を〈じぶんに相応《ふさわ》しからず〉ともはや見限ったが予想外、山本は就職先を用意してくれていた。〈僕は電機製作所に勤めることになった！〉しかも〈早稲田大学と決まった。じぶんとしては今までにない光栄である〉

当時の早稲田大学（夜学）は苦学生就労学生を積極的に入学させた。山本の肝いりがあったろうとしても、小学校三年からいきなりの大学生。才知はよほどであったとみて間違いない。それに企業といえば青春の野望を受け入れる度量があった。その会社は富士電炉工業（現オリジン）といった。〈軍需工業機械の鉄の焼き入れと電気整流器などを製作する会社〉とある。この年一九三八年の軍事費はとみると、なんと国家財政の七七％。大から零細まであらゆる企業は軍需まみれだった。たとえば鉛筆のサックは鉄砲玉そっくり。で、銃弾造りが命じられた、とは東京下町の零細企業の親父さんの証言である。太郎はそういう「憧れの、懐かしき我が國」にきたのだ。

＊

面接の部屋に入るなり、面接者は「おお、きみは！」と両手をひろげて温厚な顔をほころばせた。東京駅前で〈上品な紳士が声をかけてくれた〉その人ではないか！

同社営業部長、藤原英知といった。社長は後藤安太郎（一八九八〜一九七二）。かれは一九二三年、関東大震災における賀川《かがわ》豊彦の救済事業に参加、感化されて賀川の使徒を任じたという。後藤は師の影響から〈地方からきて働きながら学ぶ若者のために、生涯の奉仕をする〉使命感をえたという。その実現に会社を興すべく、米国へ留学。同社設立は太郎の日本帰国のその年一九三八年である。

さあ、社長室へと案内されて、太郎はアッと声をあげた。

なんと、あの白熱灯が一番に目につく所に飾られていたのだ。しかもそれは、エジソンみずから社長に手渡されたものという。

おなじこの日。太郎は新川親子と一時二十八分東京発の東海道線に乗っている。大阪に興哲舎を訪ねて、そして沖縄へ行くのである。

〈快晴である〉

雪富士は凛然《りんぜん》と鋭く、凍てつく青へ切りこんでいた。

〈我も亦不羈《またふき》独立に生きん富士の山!〉

十二月五日月曜日――底冷えがする。早朝、大阪春木に出かけたが、十一年ぶりに見るそこは大分変わっていた。

大人になると幼いときは広かった風景の小さいのにおどろくものだが、春木はダアッと広かった。――窓にながめた人情の街、雨、風、音、三角乗りの自転車、出会うたびに抱きついてきたお化けのような姉姉《ねえねえ》、その厚化粧のきつい匂い……、知らないおばさんが口に放りこんでくれた飴《あめ》の甘さ……、太郎の五感は街をはっきり覚えているけれども、街は小僧《こぞ》さんをすっかり忘れていた。商店街はシャッター通りと化し、興哲舎は看板ごと消えていた。消息をたずねた通りがかりの男の回答は明快直截《ちょくせつ》だった。

「コーテツ? あゝ、化粧品ヤでっしゃろ? いまどきオシャレ商いはあきまへんなァ。ホレ、見なはれ、そこいらじゅうに立て看板、ゼイタクハ敵ダ!」

一九三八年十二月七日正午。太郎と新川親子は神戸港から湖北丸に乗船。十日午前十時那覇《なは》港着。九歳で沖縄を出てから十三年、春木のこともあって不安ではあったが〈祝・比嘉太郎君!〉、真っ赤でハデな『祝』の旗が林立するその下に二十数人、遠い字島袋《あざしまぶく》から出むかえがきていた。

〈「トウカアサ　タロウ　クル」十二文字によって知らした。思いがけない多数の人が出迎えに来てくれた〉

下船。かんげきの涙、涙、そして感嘆詞だけがとびかう。「だからよ！」「あんたはもう！」「いいはずよ！」などと肩を背中をたたく人たち、この人たちを太郎はぜんぜん知らないのだった。ゆえになにかそぐわぬ気持ちをかかえて乗合自動車に乗っている。字島袋の入り口には〈三、四十名の村人が道端に、だあっと一人の男子、比嘉太郎の帰郷を歓迎して居る〉と感激したが、ふたたびの真っ赤な「祝」の横断幕に、そぐわぬ気持ちがさっと氷解。

「これは親父の凱旋《がいせん》だ」

思えば亀三が島を出たのは太郎と同年二十二歳、村人に太郎は亀三の凱旋なのだ。亀三はじぶんが、家族が食わずとも、ふるさと島袋への送金は絶やさなかった。真っ赤な「祝」は父への感謝のしるし、いまだに帰郷を果たさぬ父への祝意を、息子が受けていたのだった。「嗚呼《ああ》、我が村人よ、沖縄よ、その情け深い心情よ」。息子は感激の渦の中であいさつとなった。

〈此の様にたくさんの人にお出迎え頂いたことは、誠に……、さぞ父も……、あとは泣いてしまった、さめざめと泣いた〉

不仲する子のこころが父に繋がった涙であっただ

富士電炉工業（現オリジン）に入社した太郎（22歳）

ろう。

　太郎はよく夢を見る。着いたその日の日記に、奇妙な夢が記してある。

〈右の手にデキモノあり。かさぶたを破ったら暗い大きな穴ができた。そこに（母と覚《おぼ》しき）婦人がいて言った。「タロウよ、腹を立てないでくれ。癇癪《かんしゃく》を起こしたらいけない。そんなことがあると、食うに困ることになるぞ」と訓を垂れ、朝霞《あさがすみ》のように薄れてゆく。追いかけようとしたところで目が覚めた。五時四十五分。皆まだ深く眠っている〉

　暗い穴の中にひそむ母……、三歳の置き捨てのトラウマだろうか。汚れなき魂には、その時、その一瞬が全世界、全宇宙だから、生涯忘れはしない。そのまま墓参りに出ている。「おばあちゃんは入れるな、かわりにじいちゃんが入れ！」子どもの時代をうれしくしてくれた、沖縄のおばあちゃん参りである。

　日記十二月二十九日木曜日——小雨降る。喜納昌盛先生がおいでになった。

　十三年前、九歳だった。喜舎場《きしゃば》尋常小学校のガジュマルの樹《き》の下で「きみ、見たまえ、聴きたまえ」と力強く励まし、一粒の種子をまいてくれた恩師との再会である。「ぼくは人につくす人になります。世のためになる人になります」と先生を証人にじぶんに誓ったガジュマルの樹の下で「僕はどんなに嬉しかったことか！」。それから引きも切らず人と会っているが、ぜひ会うべき人物、沖縄自由民権運動の闘士「人間は金銭製造器ではない！」太郎の人生哲学の骨格を作った、あの大叔父、喜納昌松は「喜納に会う」とだけ。このそっけなさはどうしたことかあるいは別人か——不明である。

日記。昭和十四年一月元旦、午前六時起床――拝所《うがんじゅ》へ。
天にもとどくクバの木は沖縄の自然神の、魂のことばの通り道である。その霊妙な木霊《こだま》の旋律に感応した同じ日。〈母校の先生四人の誘いに半身浴で身を清め〉天皇の慶賀儀式「拝賀式」に参列。起立！　日の丸掲揚、君が代斉唱、勅語。沖縄人も日本人として等々……校長来賓たちの硬質な啓発に〈大なる感じを受けた〉とある。

　その日から連日、太郎は重力を失った星座が、四方八方へと拡散するがごとく、でも引力をもとめるように、少年の時を訪ねて村を散策している。喜舎場尋常小学校のガジュマルの樹、天をにらむシーサー、小道沿いのバンジロウの樹、ゆうなの樹、フール（豚小屋）、カー（井戸）、サータァヤー（砂糖しぼり小屋）、ベエベエ（山羊）、餌の草刈り鎌、使いに走ったこの道あの道、曲がり角の石、つきあたりの石敢當《いしがんどう》（魔よけ）、わら屋根、大甕《おおがめ》にしたたる雨の音。ピンと張りつめた三線《さんしん》のゆるんだリズムが「忘《わし》んなよお〜、島人《しまんちゅ》の魂」と歌っている、全身全霊がほぐれてゆく。いたるところシンと、ウチナーの自然神がたゆたっている、太郎をよく覚えている、迎えてくれるのだった。太郎は太郎の中のウチナーをもとめてなおも遍歴する。歩く方が早いといわれた軽便鉄道、乗合バス、乗合馬車などをのりつぎ普天間、大山、波之上、那覇《なは》、安里《あさと》、首里城、糸満、津嘉山《つかざん》と沖縄を（そのすべてが沖縄地上戦で灰燼《かいじん》に帰すのだが）目まぐるしく移動しながら、太郎月（一月の異称）を過ごすとき――。

　角砂糖が紅茶にくずれて形を失うように〈憧れの、懐かしき我が國〉ヤマトはおぼろになってゆくのである。そういうとき、夢に見たのは巡礼姿の少女。……けれど、少女はいつもの少女ではなかった。なにかがちがう、あの胸の札がないのだ！

「じぶんの母を探し当てたのだ！」

太郎が夢見る人や事象はじしんの暗喩や表象だから、少女は太郎である。ニッポンにもアメリカにも、二世は〈どちらにも馴染めない奇形児〉といい放った太郎は引力を失った星座であった。しかし回帰した。沖縄という確たる星座に回帰したのである。

「回帰」は【revolution】――「革命」である（『新・和英中辞典第五版』研究社）。

太郎は〈じぶんを語りたかった〉。回帰したじぶんを興哲舎の浩一さんに語りたかったのだ。

外の眼

一九三九年一月八日日曜日――午後四時。湖北丸は那覇《なは》港出港。

太郎は神戸に着くと即入院。かれには宿痾《しゅくあ》があった。

日記。一月十一日水曜日晴れ――僕の胸、約一週間前から痛いが、今は悪くなった。東京遊学に支障を来《きた》したら何《ど》うし様。

じつは太郎と十一人のきょうだいはみな心臓病で、それも若くして亡くなっている。

〈このままこの世を去ったならば、俺は常に最善を尽くした事によって慰められる。けれども、父母は……〉

首里城（比嘉家蔵、撮影者不明）

国宝崇元寺上ノ八幡宮西側の家（昭和14年）。琉球王朝時代の1527頃創建、沖縄戦で焼失

頭上運搬をする女性（撮影者、場所、モデル不明）

短い人生ではあったが、九歳のじぶんにした約束は裏切らなかった。だから悔いはない。心配は残してゆく両親である。その翌日。

〈心臓の痛みはおさまらぬ。死の影の色が刻々と濃くなっていく。いよいよだ〉覚悟した。〈僕は先生に書き置く〉。かならず志を果たして帰る、と誓ったタクアン先生への遺書である。〈折角日本迄来て病に斃《たお》れるとはなんと情《なさけ》無き事か。然《しか》れども寿命はすでに決められていたのだ。何も悔しむ事はありません〉と書いたがすぐさま、〈人間死ぬるまで闘う事なんだ！　僕は人のため世のため最後まで最善の努力で進む〉と付け足している。

宿痾はいったん制された。退院したその足で、和歌山県海南津田へ向かっている。「さぞきみはおばあちゃん子だね」と九歳の太郎に微笑んだ興哲舎の社長を訪ねて。じつは春木に興哲舎を探す太郎のことを、だれかが浩一の妹に知らせたらしい。かの女が字島袋《あざしまぶく》にハガキを寄越していた。

社長はりっぱに成長した小僧《こぞ》さん、いや青年の手をふっくらと両手につつみ、残念がっている。

「浩一はね、きみがいつ来てくれるかと待っていたんだよ」けれども「今朝一番で上海へ発《た》った」と。太郎にはすれ違いだが、父にはそれが息子の見納めとなる。新聞記者のかれはその後フィリピン・マニラ支社へ転勤。敗戦の四五年、ルソン島最北部ツゲガラオへ敗走の密林の中で、餓えとマラリアに極端に衰弱、生身のまま獣に喰われたという。「ジャングルに白い骨が散乱していた」とは同行の朝日新聞記者Kの目撃証言という。

二日後一月十四日土曜日、東京着――此処は何処か？

東京はクララに仮託したピチピチの花の都ではもはやなかった。我が卓越した一系純粋なる大和民族——、などとうそぶいている。太郎は喝破した。

「おもえば以前からそうだったのだ……」

太郎は沖縄に回帰した、いまや〝外の眼〟である。ヤマト・日本は外の眼に観察されていた。十五日日曜日——東京見物に出たが淋しかった。東京はにぎやかな都だが僕にはカハルウの田舎、山奥よりも淋しい。俺はここで何をしてるのだ？

神田の古本屋街をさまよった。ある店の棚に電気の本がずらりと並んでいた。

「おお、東京では存分に勉強できる。我が淋しかった心は何処へやら、おれはやはり電気で生きていく」。さけんだ。「おれは天才エジソンだ！」。底ぬけの天真らんまんに、さぞ書店のおやじはびっくりしたろうけれど、暗い世相を切り裂く閃光をよろこんだか。

「その本はね、長いこと、きみを待っていたんだよ。さあ、一緒に帰りなさい」

こころやさしいヤマト人は古書店、巌松堂（一九〇一年創業。古書店は倒産、改組して出版社として営業中）のおやじさん。さて、早稲田の教授を訪ねて、いきなり叱られている。

「ひと月以上も何処へ姿を消したのか。きみの採用、取り消されたぞ！」

「琉球へ」

「なに？　竜宮《りゅうきゅう》へ行ってきた？　きみは太郎でも、浦島太郎かいな」

こんな冗談に気まずくはじまった面談は笑いで終わり、教授は社長後藤安太郎に詫び状を書いてやっている。その足で会社を訪ねている。〈入社の件で種々話した。全て決まった。僕の宿舎は会社と同番地、東京市豊島区高田南町一－一九五山吹寮である〉。寮の名は太田道灌《どうかん》のあの逸話からきたと、あとでわかる。

日記。一月十八日水曜日――ハワイを出て二か月だがそのほとんどを一緒した新川叔母は横浜に、春乃と敏乃は横浜鶴見区の寄宿舎へ、僕は東京の山吹寮にと散った。

太郎は根っからさびしがり屋のロマンチスト、それを日記に丸だしにする。

〈ああ、僕はとても淋しい、一人になって淋しいのだ〉。雨が降っていた。庭へ流した目がふと、そぼ濡れる『山吹之里』の碑に止まった。あの少女がすっとあらわれて、「山吹の……」とやさしく一枝《ひとえだ》差してくれている。

〈物言わぬ石碑が物言う人間よりもいっそう強く、日本の良さを私の心に語りかけている〉

一九三九年一月二十日金曜日。初出勤――午前七時起床す。晴れ、寒さは相当に厳しい。いよいよ今日からは日本の工場で仕事を始めるのだ。皆が親切に迎えてくれた。（社長の）後藤氏はエジソンの努力を見習うべしと、発明を奨励するから、社内の雰囲気も仕事場というよりも、研究所のようだ。

太郎にうってつけの社風である。

＊

順風満帆《まんぱん》のようだが、太郎は早くも学問の森を迷っている。

〈僕は早稲田に夜間だけ勉強するよりは、神田の電機学校（現東京電機大学）昼間部に通いたい。なぜなれば年齢は大分いってる（二十二歳）から、夜間だけでは中途半端という恐れがある〉

沖縄の自然神に託宣をと祈り、床についた。それで夢を見た。

「僕はカハルウにいる」

雨の山道をドライブする太郎。急な悪路を前に車を止めた。「滑って上がらないだろう……。前方にはこの俺を助ける人たちがおった」。決断した。ギアをロウに落としてスタートすると「ちょっと待て！　と助ける人が言ったが俺は聞かなかった。全出力で一気に登ってしまった。眼前には新しい道が開けていた」。助ける人たちは追いつき、「おいキサマ、恩を仇で返すのか！」。そこで覚めた。すぐさま夢の解釈を書いている。

〈沖縄の自然神が僕に、東京神田の電機学校に行きなさい、とお示しになった〉

太郎は〝助ける人たち〟に恵まれていたが、沖縄の自然神に迷わずしたがう、つまりじぶんを信じるのである。

その朝さっそく〈希望の道を歩む〉、会社を辞める、と会社専務に申し出た。なんと入社から十日あまりの退職だが、専務はかれの底しれぬ天才をおしんでだろう、返事は保留となった。そこで山本教授に「急速に勉強せねばならぬ事、電機学校に行きたい事」を訴えたところ「日本の学校は三《ママ》月から始まるんだ、良い方に考えよう、焦るな」と、もっともな忠告である。

休日は東京見物に余念がない。戦後の島倉千代子の大ヒット「東京だョおっ母さん」は宮城《きゅうじょう》、靖國神社へ行き浅草へと回っている、日本人の凡庸を歌いきっている。太郎も「宮城、楠公《なんこう》銅像、日比谷公園、同公会堂、靖國神社などをまわり浅草へ」とある。ただ高層ビルなどない時代、巨《デ》かい靖國神社の鳥居は今よりいっそう巨《デ》かく映じたはず。太郎は馬鹿がつく巨《デ》かさの陰謀者、陸軍大臣大山巌の「国家永遠敬崇シテ忘ル可ラサル所トス」るべく「宜ク其ノ規模ヲ壮大ニシ」（一八八七年）との鳥居の陰謀にもろ、ひっかかったか、たびたび行っている。記念写真屋の写真に太郎が胸を張って写っている、じぶんも〝えらい〟との昂揚《こうよう》が写っている。太郎のウチナー回帰はデカさの陰謀にあっけなく敗れ去っていた。

二月七日――一日良く働いた。夜、特許局へ特許調べに行った。自動車方向指示器及点滅器を調べるため――僕がその研究を始めて明日で丁度五か年だ。

当時の自動車の方向指示器は原始的で、曲がる方向へ赤い靴べら状をベロッと出す、それも手動。ブレーキランプもなかった。太郎が五年もかけた発明は図面によると、原理は二種ともに現在とほぼ同じもの。画期的なだけに関係者は大いに期待したようだ。自動車業界の著名人というある人物は「製品化して米、布哇《ハワイ》方面にも輸出しよう」と確約している。

〈僕は人々のために、世のためにつくす人になりつつある事、実に幸福なのである〉。エジソンの誕生は間近い！

特許局がご指名の「K特許事務所」で出願手続の手付金五十円を支払った。以後たびたび呼びだされ、そのつどなんのかのと大金を要求されて、とうとうハワイの妹春子に送金を乞う事態に。それで〈僕と母はホームレス、母を背負い階段を下っていった〉などとの悪夢を見る羽目になった。が、ついに出願にいたり、受付番号二七一〇号と命名された。〈また金を支払った〉

その足で念願の電機学校へ。ふところには山本教授の紹介状がある、入学は疑いもしない、ところが……

〈僕が小学校卒業していないゆえ、入学できないと言われた〉

門前ばらいを喰らって愕然、頭は失神するほど真っ白である。〈山本先生の紹介があるから入学できると来た僕、此の入学が拒まれた僕……小学校卒業しなかった僕〉。しかし〈此の俺だ、それでよい。屹度後世に此の話を美しく伝えられるように努力する〉。この借りは後世が何倍にもして返してくれる、そういう人間になるぞと強がったもののまたしょんぼり、気持ちは浮沈をくり返している。よほど落ちこんだかその翌日、仕事にへまして足に大怪我を負っている。奇跡はその日に起きた。

〈電機学校に入学した！〉

おそらく山本教授の力添えがあっての奇跡だろう。かくして会社は退職、山吹寮を出た。電機学校へ歩けるところ麹町区飯田町一丁目三番地に部屋を借りた。月八円、四畳半。下見した物件で一番の日当たりの良さとある。ウチナー・ハワイアンだ、冷えこむ日本の冬がよほどこたえているのだ。

三月二十一日――後藤社長によばれた。

重役たちが全員顔をそろえて太郎を出むかえている。太郎は善き人たちに恵まれていた。善き人たちは太郎が忘れがたいのである。

「君はよく働いてくれたね感心するよ。リンコルン（アメリカ十六代大統領リンカーン）も君のように勤勉だったんだなあ」

在職わずか二カ月だが、その働きに将来を期待したのだろう、小学校三年生までの能ある若者に忠告する。

「太郎君、東京にある間に大学、博物館、図書館、美術館、病院等たくさん見学して智識を貯えなさい」

青春の独り旅を実りあるものとするために、豊かな知識と教養の道連れは必須だと。――善き人たちのまことに尊い餞別《せんべつ》であった。

きみの希望はにっぽんにぜんぜんない

一九三九年三月二十七日――特許事務所に十八円支払った。

支払いばかりで事態は一向に進展しない。変だ？　ともうそろそろ感づいてもいいのだが……。

その帰路〈電機学校に寄り教科書を購入、六円二十五銭〉。

新鮮な知識の香りにときめく青春に、陰気な影がはりついていた。その残虐さで世界に知れわたる特高（特別高等警察）である。

三月三十日、木――夕方。風呂屋へ行く途中、巡査に呼び止められた。警察へ連れて行かれた。

米国が日本経済の息の根「日米通商航海条約」の破棄通告の直前、時局は緊張一方のとき。アメリカの二世が最新工業技術を見聞し、写真を撮りまくり、なおかつ書類を抱えて米大使館へ頻繁に出入りするものだから〈スパイとレッテルされた〉。その当の本人比嘉トーマス太郎は面食らっている。

〈大使館の出入りは特許出願の手続きである〉

このときは厳しい尋問と警告、「日本をウロチョロするな」で釈放されたが、あの尊い餞別をいただいた太郎である、ウロチョロしないわけにいかない。

三十一日――飯田町の下宿へ引っ越し。電機学校に制服三十四円、襟カラー八銭、帽子二円五十銭、筆立十五銭、鏡一円七十銭買った。

翌四月一日。ハワイから父母が来ている。

翌二日。太郎は父母と午後九時八分発の東海道線に、おそらく尾行のイヌ（特高）をつれて乗っただろう。大阪、神戸、下関、福岡と各地を見物見学、写真を撮りまくり、目まぐるしく人と会い、鹿児島着は四日後。そこで宮古丸に乗船。

八日――那覇《なは》港接岸。同じ日、北中城村字島袋《なかぐすくそんあざしまぶく》着。

白い煙・黒い煙――別れの煙から三十三年目、父母の帰還である。中城村字島袋はたくさんの真っ赤な「祝」の文字が五十二歳の凱旋《がいせん》者を大歓迎。茅葺き屋根は成功のシンボル、みごとな赤瓦に変わり、シーサーが天を睨みつけて護っている。亀三の内に湧く満足、感慨は計りしれないけれど、じつはうろたえ痛哭《つうこく》していたのだ。

〈島袋は帰る場所ではなくなった……〉と。

ジン　モーキティ　クゥーヨオ！　と見送った父母はすでになく、遠く近くの親戚だけ。その一方、ハワイは裏オアフのカハルウの奥地に、ただ二人きりで始まった比嘉家はいまや、十二人プラス数人の孫たち、――比嘉ファミリー・ツリーががっしりと根づいて、もはや移植はかなわない。おじいとおばあはもろウチナーンチュだが、子孫《まがんちゃあ》はＵＣＨＩＮＡＮＣＨＵ、早い話がガイジンなのだ。亀三はUCHINANCHUになりたくてもなれぬこころに、かなしくもいって聞かせるのだった。〈家族がいるそこがふる里《ホーム》だ、しかたがない〉。島人《しまんちゅ》の魂は異国の終着駅に着いたのである。

いっぽう母カナは始発駅も終着駅もない、あまり悩まなかったようだ、――女はじぶんが駅、ふる里だから。それゆえ母なる沖縄の大地に、しなびた身をひれ伏して、

〈ただいま戻りました、ばんない《大変》、遅くなりました、まこと申し訳もありませぬ……〉

はらはらと熱き涙を流して島にくちづけする者は、額をすりつける者は、男。人はそのだらしなさに、その小さくなった丸い背中に、光の輪を見る。

*

一人東京へもどった太郎を二つのグッドニュースが待っていた。

〈特許局からの通知で、特許になるのはもう疑う余地なくなった!〉

一九三九年四月十六日、日――六時半起床、支度して神田区の電機学校へ。

〈僕は尋常科へも十分に行ってないため、最初拒絶されたその学校へ行くのだ!〉

宿願の電機学校に入学し、特許は実用化されるのだ。エジソンへの門をくぐった、有頂天だっただろう、けれども、

四月十八日。電機学校三日目――算術は思ったように難しい。

幾何《きか》と数学に歯が立たないのである。〈僕の無学を恥じる。でも致し方ない。小学校を中途退学した者の悲しさよ。この先どうしようかと迷ふ――しかし――一度決めた事は是非やる〉。そ

こで数学克服に半年（予科一期）の計画をたてた。〈個人教授を受け、是非好成績を取る、だめならそれはその時のこと〉。さっそく担任に相談、西田という数学者への紹介状をふところに訪ねている。通された部屋には勉強机が一つあって、「教科書を開きなさい」との命に開いたとたん、罵声が飛んだ。

「なに？　一頁目？　最初からかね！」。西田は吐きすてたばかりか罵った。

「君のように程度の低い者が、今から算術やっていきながら電機学校なんぞへ行くなんてのは、無理な話だ！　出ていけ！」

侮辱がすぎる。くやし涙はほとほとと流れて……本郷の坂を御茶ノ水駅へと下っていった。こんなことをつぶやきながら。

「嗚呼《ああ》、悲しきかな。基礎学問が不足ゆえに基礎を教えてもらえないとは。僕はどうしよう、僕の前途はどうなるや？　僕はカハルウの奥地の井の中の蛙《かわず》だったのか」

が、太郎は楽天気質だった。学問の不足の元はといえば、あの三歳の沖縄置き捨て事件、つまりは沖縄の超貧困による。そう解釈すると、からりと涙はかわき、きもちは晴れわたった。

〈僕は決して父母を恨まないし、頭が悪いとも思わない。機械の応用にかけては十人のうちきっと二番になる自信がある〉

あえて二番という太郎だが、その理屈も楽天的で窮屈がない。〈一番はいつも背中を追われてじぶんを見失うから、だめだ〉。銀メダルに満足のマラソン・ランナーのようにいっている。

「予科は半年間。その間に幾何と代数をマスターしてしまおうと思うんだ、自信はある」という太郎に学友はあきれている。

「おい、比嘉。きみ、しらんのか？　その半年間がきみの運命だぜ！」。これをうけた者が、「あははは、琉球人はのんびりだ」と笑う。

「なんだかさっぱりだ」

「兵役だよ！」

太郎は二重国籍だったたか、とすれば日本にいれば徴兵される。

一九三九年四月十九日——授業三日目だが登校せず。平山さん、後藤さん、藤原英知さんら富士電炉の重役を相談に訪ねていった。早稲田国際学院の名取先生（同校は早稲田大学の付属。院長山本忠興理工学部長、名取順一は副院長兼主事）に電話をして、打開策を模索してくれた。

その藤原がすまなそうにいった。

「もはやきみの希望は日本にぜんぜんない」

後藤社長がいった。「ひっきょう布哇《ハワイ》に戻るか、さもなくば軍務につくかだ」。太郎は結論を沖縄の父母に電報した。

「学校は行かない。ハワイへ帰る」

正しい決断だった。先述したように、帰りそこねた二世は二、三千人余といわれる。彼ら・彼女らは外務省の秘密課報機関「敝之館《へいしかん》」やプロパガンダ放送などに従事させられ、男子は徴兵されている。もし日本に残れば……、徴兵＝戦死、の構図は否定できない。

さらばにっぽん

帰国の準備にあわただしくなった。ハワイでは入手困難な電気関係書を買い集めた。禁じられた「ウロチョロ」はいっそうはげしくなった。早稲田大学演劇博物館、各地の図書館、築地中央市場、中央郵便局、月島の自動開閉橋（勝鬨橋）、上野に開催中の機械工作実演会、電機実験（奨励館）の水車発電装置、電業社原動機製造所など日本の最新技術知識を海綿体のように吸収してゆく。はたまた靖國神社、遊就館、国防会館など、きな臭い所を巡ったかとおもうと、一転、宝塚少女歌劇観劇、はるばる江ノ島でボート遊びだが、ニッポン国観察の〝外の眼〟もきびしく働かせていた。

〈婦人連の鉄クズ探してるのを見た。これが日本の物資不足を十分物語っている〉

日米の軍需物資生産の割合は一対二十八。戦力費は一対二（昭和十九年は一対六）である。アメリカはこの翌年、兵器となるクズ鉄、石油、航空用ガソリンの輸出を禁止。そもそも兵器を動かす燃料すらままならぬというのに、陸軍は「軍備充実四カ年計画」を策定（一九三九年十二月）。三九年の軍事費は国家予算の七三・七％。四〇年は七二・五％。国力の限界をとてつもなく超えた軍事費の膨張に、国民は深刻な飢餓地獄に直面していた。〝外の眼〟の太郎はクズ鉄を拾う女のみじめさに、日本亡国の予兆を見ただろう。

太郎は自主製作にいたるほどの映画狂だが、これまで観る間がなかった。

〈日本に来て始めて活動写真を見た。神田日活館で〝土〟〉。農民文学の代表作、長塚節《たかし》の『土』（一九三九年、内田吐夢《とむ》監督、日活）である。感想は〈感じるところがあった〉。太郎は農民である。両親は農奴からはい上がったが、日本の農民は農奴ではない。〈それ以下だ〉とある。

——日本が敗戦後の、GHQによる農地解放は、じつは沖縄系ハワイ二世、湧川清栄《わくかわせいえい》がハーバード大学時代の論文『日本の小作制度』に依拠する。おもえば沖縄の自由民権運動はヤマトに〈滅茶苦茶に敗北した〉（大里）のではなかった。ヤマトの自由民権運動はことごとく敗北したが、沖縄は勝ったのである。しかし、〝奴隷以下〟のヤマトの農民が沖縄に救済されるとき、その沖縄は米軍に大地を、農地を、海を強奪されていた。

＊

移動にあわただしい四月のある日の午後。下宿の付近を親友のSと散策しているとき、「比嘉太郎だな」と呼び止められた。

〈思った通り、男は、私が、虫けらよりも嫌いな、特高警察だ〉

連行された署には、私服が二人と制服が二人待ちかまえていて計五人。

〈だが私は落ち着いていた。それが気にさわったか、キサマーッ！　といきなり殴られ、署の裏へ引っ張られた〉

「大体見当はついてんだろ」と特高。ぜんぜんだからそう答えると、「なめやがって！」とぶん殴った。アメリカ大使館に出入りの詰問に、「特許の手続きだ」との弁明に「電気会社に働くと見せかけ、方々で日本の最新技術、研究を大使館に密告しとる」これでスパイにされたとわかった。特高は興奮「黙れ！」とぶん殴った。黙ると「返答しろ、ためにならんぞ！」と殴った。

こんないざというとき、愛する我が國の発展と平安を祈った靖國神社のバカ巨《デ》かい鳥居、皇居の二重橋、伊勢神宮、明治神宮、楠公らはついに正体をさらした、太郎を裏切ったのである。〈僕はついに意識が朦朧《もうろう》としてきて、失神寸前となった〉。片ひざをついた。「おい、立て！　キサマ、だらしねえ、日本人じゃねえな！」。これに咄嗟《とっさ》に口をついた台詞《せりふ》に、太郎じしんがおどろいている。

「そうだった、僕は日本人ではなかった。島人《シマンチュ》だ、ウチナーンチュだ、琉球人だ、沖縄人だ、そしてアメリカ人だ。なにより僕は僕自身だ」

特高は「リューキューのアメ公の民主主義ってか、アカだ！」とひどく殴った。こうして「リュウキュウ」だ「リュウキュウ人」だとののしられ、リンチを受けるたびに、太郎はふたたび沖縄へと回帰してゆく、盤石となっていく、と感じている。「僕が僕であること」――胸の札をとり外すために、なんとも厳しいイニシエーションが要求されている。

〈日本の特高警察は、アメリカの黒人リンチを思わせる惨いものだった。私は完全に参ってしまった〉

太郎が泥土にまみれたのではない。日本が日本を穢《けが》したのだ。日本は日本を愛する優れた若者を失った――（この状況は今も変わっていない）

太郎はさすがにぐらりぐらりとだろうが、裏口ではなく堂々と正面から出てきた。そしてまことに驚いている。なんと！　うす暗い街灯の光りの中に、〈親友のSがたった一人、真っ青に震えて、逃げずに待っていてくれた〉

Sはじしんも特高の恐怖と闘っていたはず。日本国は日本を愛した若者のこころを深く傷つけてしまったけれど、人への愛は、一人の勇気ある友情がからくも繋いでくれたのである。

憎《に》くさある人ん憎くさどぅんするな
肝《ちむ》ぬ道筋や広《ひる》くあきり

憎しみをもつ人も敵にはしない、こころの道はひろく開いておきなさい——。太郎がこころに覚えた教訓歌だが、琉球国の名だたる教育者、名護親方《なぐうぇえかた》（一六六三〜一七三四）の作という。

Sはハワイの太郎に幾通か手紙を書いている。かなりの達筆だがその文面にただよう知性と熱情は〝一系〟天皇をいただく〝卓越したにっぽん民族〟のプライドに貫かれている。Sは戦死する。

四月二十八日、金。太郎は富士電炉に伊豆の大島へ招待されている。かれにならんで腰をかける重役、藤原英知は太郎のこころに通じたか、独り言のようにつぶやくのだ。

「学校は、なんせ行かれないんだ、……ああ、軍隊なんてものは無いが一番だ」。軍需産業の重役の言である。これを通報されたらただではすまない。思いもかけぬ勇気ある真情の吐露に、太郎はおどろきかつ感銘している。

〈そのとき、伊豆大島から見た富士山、雲の上に見えた姿の美しさは格別だった〉

＊

一九三九年六月十五日、木——横浜に来た。いよいよ今晩出帆である。

ずいぶん長い日本滞在のように思われたが、わずか百八十日である。

船は日本の女王・秩父丸などとはうって変わり、〈進歩せる国の汽船カナダ号には感心するばかり〉、三等船室の居心地の良さは比較にもならなかった。

偶然というものはあるものだ。じつは太郎は伊豆大島で當山《とうやま》という夫人とその〈美しい娘〉〈光枝二十二歳〉に逢っている。しかもウチナー人、それもハワイへ戻るという二人と船の道連れになった。太平洋は三角波を逆巻いていた。光枝は船に弱かった。腰が痛む、吐く、発熱する。太郎はいたたまれず〈若い男が若い女性の腰をさするのはきまり悪いが、他の目をはばかりながらさすってやったり、便所へ連れて行くなどもした〉。光枝は「私はもう死ぬ、あと四日で死ぬ。もう私はホノルルは見られんはずヨ……」などと尻上がりに宣告などするものだから〈僕は泣きたくなった〉。こんな日々がつづけばよくある話、同情は恋へと……。

六月二十二日――カナダ丸ホノルル入港す。光枝は出迎え人と笑って去って行った。一度も僕をふり返らなかった。

比嘉太郎は新しい始まりを確かめるように、ハワイに立った。このとき二十三歳、青春は悔いなく過ぎていく。

翌日。早朝から兄敏夫とタロイモ畑に汗を流している。その兄を写真に撮った。裏には、〈兄さん、灼熱《しゃくねつ》の太陽の下で、ドラム缶からガソリンを移す。僕の兄さん、とっても暑いでしょう?〉

敏夫は相変わらず渋面《しぶつら》のポパイだが、そのこころに沖縄の自然神が呼びかけているのだった。

「それはおまえに、なによりも、なによりも、たいせつなものなのかい?」

兄・敏夫

農民は大地の生《いのち》の命《めい》にしたがう。自然は生存の知恵をさずけ、光風は情感をみたす。作物は農民の足音を子守唄に育つという。地に生《いのち》をそそぎ、地の生《いのち》をいただく仕事が農業だ。敏夫のこんな土着の感性が、やがて農業の島沖縄・琉球民族の宝、気高い文化の伝道者として、旅立たせることになる。

一九三九年七月十一日、火――一日畑の草取り。夜、兄と品物を取りに行った。

弟はちらちらと、おんぼろトラック運転の不機嫌そうな兄の横顔を盗み見して、つぶやく。

「オヤジに似てきたなあ……」

農業労働の明け暮れに疲れてだろう、シワに刻まれた横顔はまだ二十六歳。

「兄さん！」、よびかけた。返事はない。「兄さん」。

二度のよびかけにも返事をしない兄に弟は宣言した。

「今度は兄さんが休みだ。僕が兄さんを沖縄へ行かすから」

ハンドルにぎる兄は、うるさい、といったふうだが、弟はまことに嬉しそうな一瞬の微笑みの裏切りを見のがしてはいない。二人の会話は完全なウチナーことばでなされている。

3　日本は滅亡させねばならぬ

失恋狂想曲《カプリッチオ》

火山の女神ペレがオヒアに恋をした。ところがかれにはレファというかの女がいた。怒った女神ペレはオヒアを醜い木に変えてしまった。神々はあわれみオヒア・レファという美しい花を咲かせた。その花を摘むと熱い恋の涙《あめ》が降る、——とハワイの伝説はいう。オヒア・レファの花は吹き出す炎のように鮮やかな赤、レイに使われる。

〈オヒア摘み、売った。約三十弗《ドル》売った。疲れた〉

その晩太郎はオヒアの夢を見た。

〈彼女はラナイ島にいて、牛の乳しぼりして家計を助けている〉

カナダ号の光枝だ、記憶には触感がある。

一九三九年七月十二日水曜日、夜——字島袋《あざしまぶく》男女青年会へ日本報告をしにホノルルへ。

そこで安里峯子なる女性に一目惚れ、が失恋。

九月十六日土曜日——夜青年会ミーティング。比嘉マツエに会うことになっていたが、彼女は来なかった。
失恋がつづいている。そういうときに養蜂をはじめたが、蜜蜂は一匹残らず逃げて失敗。「蜜蜂は娘と同じであつかいが難しい」などと冗談をいっている。じっさいなぜ蜜蜂は逃げるのだろう？　原因は太郎じしんにあるのだが、そこに気がつかない――あの九歳のじぶんにした約束を少しだけ、裏切ればいい……。

十月二十五日水、朝――畑へ出ようとすると、Tのおばさんが自動車の運転頼みに来てホノルルへ行った。身体が不自由なので、用をさすのは容易ではなかった。帰宅は夜七時頃。

Tは働きが過ぎた。健康を害して沖縄に帰る「手続きのヘルプ」だった。太郎は一日分の畑仕事、すなわち稼ぎを幾ばくかフイにしたわけだが、そんな勘定は恥じる。ところが女はそれを許る――りっぱな花だが蜜がない、貧乏暮らしがすけて見えると。とはいえ女を非難できはしない。女も金銭製造機の子、金の苦労が身にしみついている、移民に貧乏は罪悪なのだ。女の打算が見ぬけぬ太郎を、失恋のハンマーが精神を強靱に鍛えている。夢を見た。もはやニッポンとなった日本を離れるとき、恩人の山本忠興教授より、初心忘るべからず、の意をこめてだろう、白地の扇子が贈られていた。

〈何も書かれてなかったと思ふたが、文字がたくさん書かれていた。
落胆するな／君の幸福は即ち世界の幸福だ／努力してくれ　理工学部長／工学博士　山本忠興
比嘉太郎殿〉
〈この夢はただの夢でない〉と日記にある。

ヒトラーのナチスドイツ軍のポーランド侵入はこのひと月前。英仏は対独宣戦を布告。世界の大惨事が声高によせている。

＊

さて計り知れぬ金をつぎこみ、領収書が束になっていた特許二七一〇号がついに実用化した！

——太郎はタクアン先生宅にいる。

〈見知らぬ男がいた。とてもぼろぼろの服を着ていた。僕は相当立派な服装をしていた。先生と彼は小さな椅子に、僕は立派な椅子に腰掛けていた〉

太郎はいまや大富豪……、ざんねん、夢だった。逆夢《さかゆめ》という。同じこの日、ホノルルへ出荷に出て、前の右折車に強烈な衝撃を受けている。

〈方向光線指示器を点《つ》けていた。僕の研究に似ている。シボレーだ〉

方向指示器は実用化したのだが……。特許二七一〇号の行方を追うと「特許はまもなく認可」と太郎はK特許事務所の通知を受けている。支払いも完了した。

ところがよんどころない事情でハワイへもどり、問い合わせのたびに金銭が要求される。さらに特許をアメリカでも取得するべく、その手続きを同事務所に依頼すると、「米国出願は五百円ほど」の返事。そのころの一円は現在の四千六百円あまりというから大金だが、実用化の暁にははした金である。家族は大いに期待をかけている。そのほどは〝ケチ〟な兄敏夫が六百円に増やして送金していることでもわかる。そこへシボレーの右折であった。K特許事務所に問い合わせたが電子メールなどもちろんない、船便である。一向にらちがあかない。そうこうしているうち

に、日本軍が真珠湾を奇襲、通信は途絶した。戦後に問い合わせている。その回答はなんと、

〈すでに別人が同様の特許を取得しております〉

太郎の担当者はK事務所所長に出世していた。ここまできてようやく、じぶんはドルを運ぶハワイのカモだったと気がついた。訴訟も考えている。そういうとき、死刑の惨たらしい電気椅子はエジソンの特許と知り、衝撃を受けている。

「特許は人に奉仕するべき科学を金儲けに堕落さす。エジソンはやめだ、農民でいく」と潔《いさぎよ》く断。

一九三九年十二月三十一日大晦日、日曜日——昭和十四年も遂に今日一日とはなった。思い出深き年よ、さらば。

*

一九四〇年一月一日、午前五時——じぶんを人類の為社会の為に立たして下さい。

新しい年の明け、まず行ったところがかの泉水口《せんすいこう》。沖縄の自然神に、九歳のじぶんの約束の成就を祈っている。

二日——べーべー（山羊）流産した。埋めた。

早くも日常である。そこへ太郎の提案『全・字島袋《あざしまぶく》人員録』の製作が決まり、その議長についた。二日後には敬老会、四百五十名も集めて大成功だが、にもかかわらず心底危惧している。「これがカハルウに於ける最後の集いか」と。その原因の一つが村の実力者、あのタクアン先生。

〈先生の思想は東亜に行かれ、じぶんが欧米方向と真反対だ〉

このとき日米開戦の二年前。日本海外出かせぎ人村は、すでに述べたが親日派対親米派に分裂

しているのだった。親日派の筆頭がタクアン先生である。

〈これからカハルウはどうなっていく、二十年後には何となっている事であろう〉。そこで爆発したような筆跡で大きく祈りを書いた。

〈カハルウ地方よ　永久に栄えあれ！〉

共同体永久の栄えはめいめいの幸せの合計である。それを農業による自給自足で実現させるという。口先ではない、太郎は実践している。

太郎の農業は小規模複合型。ハワイは沖縄に似て温暖な小さな島、しかも多民族社会だから食文化は多様、作物も多様性が要求される。したがって乾いた大陸における大規模単作経営はふさわしくない。ハワイも沖縄も、農業経営は小規模複合型が適している（飯沼二郎『沖縄の農業』）のだが、その沖縄農業の実状はどうか。サトウキビとイモ一辺倒。単作による地力の低下に加えて、干ばつと、年に三、四回はくる暴風に苦しめられている。

火風《ピーカジ》ということばが八重山にはある。雨をともなわぬ暴風の吹き上げた海水が作物を枯らし、まるまる島ごと火事場のように赤くするのだ。沖縄民俗学の父、伊波普猷《いはふゆう》（一八七六〜一九四七）はサトウキビと甘藷《かんしょ》の二種に集約された沖縄農業をハワイと比較し、痛烈に批判した。

〈主要作物なる甘藷の被害の甚だしい場合には、島民の生活はたちまち行き詰まるという状態〔…〕この二つの農作物の栽培には、五穀などの場合のようなデリケートなところがなく、またそれに伴う季節々々の行事も、ほとんどないといっていいから、野良仕事が愉快な芸術的な実行とならず、さらぬだに木陰のない少ない田園は、住み心地の悪い砂漠と化したわけだ。折角《せっかく》布哇《ハワイ》あたりで成功して帰った者の大多数が、居たたまらずに、早速再渡航するのを見ても知れる。これは数年前布哇およびアメリカのプランテーションビレージを訪れた時、再渡航した人たちから直接聞かされた話である〉（伊波普猷『をなり神の島』一九三八年。傍点筆者）

遠回りをしたが、そのハワイも裏オアフのカハルウの奥地の現状はどうか。太郎はその実態調査をしている。それによると農業人口はなんと一割を切り、もはや絶滅危惧業種のさまである。つぎはその調査『若者よ農村に帰れ』から。

〈十年前はカハルウの敬老会で農業表彰された若者達はつぎつぎ都会ホノルルへ出て行く、軍拡工事に従事する者はなお多く、農村に残っている方が少ない。農家は老いた一世ばかりになった。果たして十年後二十年後の農業はどうなるか？　農業は自給自足、自給自足は不羈《ふき》独立、不羈独立は、めいめいが自分自身であることである。だが全ハワイのその率は三割にすぎない〉（傍点筆者）

向戦化一方通行の世界情勢に、各国は軍拡レースを競っている。そのひとしずくにすぎない裏オアフのカハルウの軍拡工事が若い農民をうばい、農業を絶滅寸前にまで追いこんでいた。事態は相変わらず、どころか悪化の一方である。

太郎は真理を説く。

〈農村の希望こそは真に国家の宝である。その健闘は国家の推進力である。若者よ農村に帰れ！〉

若者がかき消えた農村は、末路の国の寒々しい影。説く太郎の胸底に衝撃がうずまいていた。

太郎のよき相談相手、実直な農民、読書家で、思索家の親友、岡本善太が吐き捨てたのは昨日。

「金がないヤツは人間のカスだ」

これにはさすがの太郎も強烈なショックを受けたようである。ハワイ青春の琉球盆踊りを相談したあのとき、去ってゆく親友のやせて骨張った肩に、みょうな影を見たのだったが、悪魔に変身したか……

「きみはいったい誰だ？」

思わず問う太郎に、岡本の良心はビクリとした様子。動揺をさとられまいとしてか、クルリと背を向けると足早に去りながら「俺はメフィストに魂を売った男だ」といった。ところが太郎はメフィストを知らなかった。タクアン先生に事情を打ち明けて訊いている。岡本は悪魔のメフィストに魂を売った博士、軍拡工事の日銭に魂を売ったファウストだと自嘲したのである。その親友の父親が借金で自殺したと知ったのはタクアン先生からである。

考えこむ太郎に、タクアン先生は論理の飛躍もおかまいなくいった。

「太郎君。人間は金のためなら何でもする、人殺しだってする。金の力は侮れない。二世も人間だ。……敷島の大和心を人問はば、朝日に匂う山桜花（本居宣長）……ああ、二世ってだめだな、だいたい問うべき大和魂が欠落しておるから話にならん。明治大帝は宣《のたま》われた。雄々しき大和心は事ある時にあらわれる、と。今がその時だろ？　だのにスキあらばと日本を狙う悪魔のベース（カネオへの海軍基地）を造っとる！　二世はだめだ」

シャラップの女

一九四〇年一月七日、日。太郎はカハルウ男女青年会長に再選。新役員は九名。その苗字からして沖縄系が六席を占めている。副会長にクララがなった（彼女は東京に太郎を追わなかった）。

〈クララさんを得た事はこの上ない力である〉

太郎会長はさっそく離農防止対策を提案、可決となった。その足で二人はタクアン先生に相談と称して顔を立てに向かう。その道々「なんでもノーの先生よ」とめずらしく悲観的なクララを太郎はいぶかしんでいるが、タクアン先生は意外だった。

「全ハワイの農村救済大雄弁会！　この様な考えまでしてくれている君は、そうだ、確かに農村を救う神だ」と大感激。けれどもさすがは親日派、「もちろん国語でやるんだよな」。

農村救済大雄弁会第一回目。裏オアフのカハルウの奥地はなんと最下位。原因が談論風発されているがそれはさておき、太郎は次回にそなえて特訓しながら同時に、カハルウ男女青年会の会誌「ＫＡＨＡＬＵＵ」創刊の準備に入った。島袋の会誌「洋上・ＹＯＪＹＯ」誌は継続している。そんなさなかに島袋《しまぶく》男女青年会、ピクニック、春揚館（武道館）創立三十周年記念祝賀試合、帰国送別会、帰布《きふ》歓迎会などと行事がひっきりなしにつづく。農園も超多忙で休む間がない。よくもまあ宿痾《しゅくあ》をかかえる体が持つものだが朝五時、収穫野菜をホノルル市場に出荷、もどると電話が鳴った。

三月二十六日、火――宇島袋のY氏、死去されたの報。いそぎ葬式にホノルルへ戻る。その途中、ホノルルから戻る母兄と出会う。知らせて二人とホノルルへ行く。

が太郎は〈不元気にて参列しなかった〉。超多忙に宿痾の心臓病がついに反乱を起こしたのだ。葬式の翌日も〈午前中は不元気にて休む。ふがいない〉日がつづくある日。

一九四〇年四月十六日、火――クララも、愛している、といってくれた。

「でも、あたし、……、婚約者が……」

アラワイ運河のときは見合いだったが、太郎の不在、わずか半年の間に婚約へとすすんでいたのである。親がかってに「将来性のある男との話」をどんどん進めるという。

「でも、あたし、その男に愛情なんて、すこしも感じていない」と断言。そして「あたしはあなたと愛情に生きたい」「でも、親不孝はしたくない……、ターロウ、あたしの身にもなって……」と煮え切らない。歩幅を広くとって闊歩《かっぽ》する聡明な女。「急いでいるなら一人で行け！」とけしかけたあのシャラップの女が、いざじぶんとなるとこれだ。じぶんはだれとすき間もなく肌を合わせるか、一つになるか、それすらじぶんで決められない。原因はニッポン村のしきたりであった。〈彼女は僕を恋している。けれども（母が）無理矢理話を進めるので苦しいと涙ぐむ。かわいそうでならない〉。同情しているが、そんな場合じゃなかろう。

四月十八日、木――豌豆《えんどう》の収穫をすませてから会報「KAHALUU」の件でクララさんに電話した。今晩十時半原稿を取りに来てと言われた。

ずいぶんと遅い時間だが……。会報創刊号は五月二十五日に発行されている。そこに富士電炉

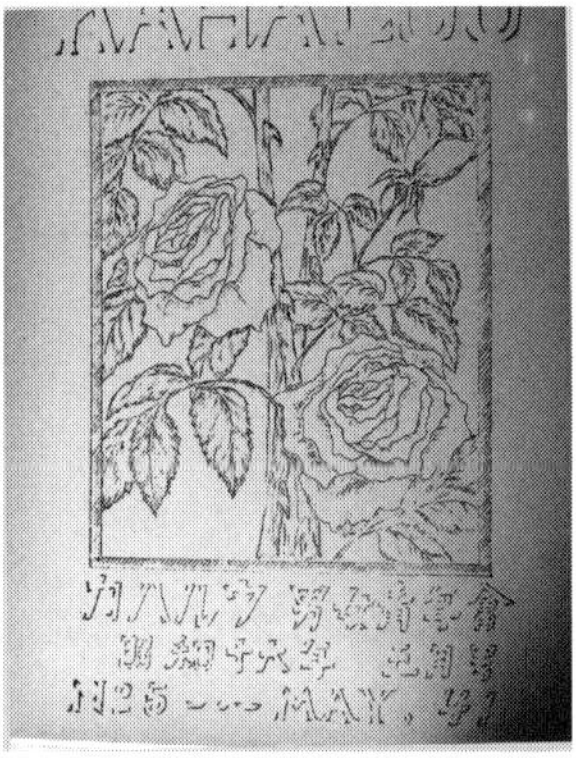

「KAHALUU」創刊号
（1940年5月25日発行）

社長後藤が「良い本をたくさん読んで知識を蓄えよ」といった内容の、長文を寄せている。GS生なる者はバクチへの逃避を批判し、TS生なるものは「二世の茨に花咲く頃」を夢想する。投稿者は多い。だが十八日の夜の二人になにがあったか、クララの投稿はない。

編集長の太郎は「英文の投稿が少ない」と嘆きながらも、児童（三世）に募集したエッセーの一編に、いまはまだか弱い子羊の新しい時代の足音を敏感に聞き取っている。以下要約する。

〈日系人は英語と同じように、日本語を習えば良い仕事ができるようになる。私の父母たちは毎日々一しょうけんめいに働いて、私にじぶんよりえらい人にしたいと思っていますから、両方のことばを勉強して私はえらい人になります〉（喜屋武《きやん》ヨシ子　六年生）

親の二世はじぶんに叶えられなかった夢、――わが子に学問を、わが子に学問をと、わが子を明日に輝かせようとして一心不乱に働いている。明日の子らは、陽に焼かれる親の丸い背をみつめて、じぶんに約束するのだ。

――マミー、ダディー。私はえらい人になります。

一見、ニッポン村のシキタリに屈従する女たちのようだが、内面には新しい人間、新しい種族の足音が響いていた。〈女の赤ちゃんではつまりません〉といわれてくやし涙を流したという母親は決然と「女」を主張するのだ。

〈強い者は勝ち続けるために、一寸の間もなくにらめっこをしていなければならないけれど、愛を以《もっ》て闘う者には敵がありません〉

人間はゆったりのんびり二番が一番だ、女はそれでいく、と。この表題は「女性の勝利」である。

あのハワイ青春の盆踊りの打ち上げのとき、女たちは男たちの酒の宴の用意をすませて黙々と帰路についたのだった。そんなシキタリにひれ伏す女たちが、じぶんの訴えたいところに自然に湧く気持ち、それをはっきりと言葉に書いたのだ。

ニッポン村は変革の季節を迎えていた。古いニッポン村は世代交代の脈動がはげしい。移民一世の祖父母がガイジン（三世）の増加によって、祖父母のほうがガイジンとなってゆく逆転の世紀。ハワイニッポン村は新しい種族へと変革の季節を迎えていた。比嘉トーマス太郎はこの時代の大きな節目にいた。

五月十二日、日——第二回農村救済大雄弁大会を開いた。カハルゥは前回から順位は大分上がった。

太郎の特訓はてきめんに効いて、なんと最下位から二位と三位に急浮上、太郎の妹春子が二位になっている。その演題は「強制結婚の是非」。クララの悩みにじぶんも女として考えるところがあったのではないか。

この会場で太郎はクララと出会っている、どうやら久しぶりの様子。〈彼女は僕に向かってGood luck for you と言ふた。それを何と解してよいか?・〉。

その三日後。太郎はクララが帰国する、とタクアン先生に聞かされる。「親は君から娘を引き離す魂胆だろうよ」と。この事態に太郎はいさぎよく対処している。カハルウ男女青年会役員を招集、〈クララさんの送迎会の相談〉をし、翌日は〈ホノルル行く、送別会の撮影を写真屋に頼んできた〉。帰宅して邦字新聞社二社に送別会開催の告知記事を書き、案内状のはがきを書いているが、さすがに切なかろう、本心を日記に吐露していた。

〈じぶんがこんな事をしている、クララは知らない〉

五月二十三日、木――記事が今日の新聞に掲載された。

愛する女との離別の告知が皮肉にも〈じぶんが書いた記事としては初めてだ〉。かれはカハルウ現地通信員になったばかりである。

六月九日、日――〈大分疲れた、腰が痛い〉

機械を使う農作業だ。疲労の蓄積に注意が散漫になったか、跳ね返った棒で大ケガを負った。が、幸い入院には至らなかった。というのにそのおなじ日、弟永吉がワイヤロープに挟まれて入院。こんなろくでもないことつづきのある早朝。クララの母がわざわざ太郎を訪ねてきたのである。そしていったことが、なんと、

〈クララの結婚問題について、彼女の母は翻意された、改心された。じぶんから詫びを入れてきたのだ、思わず歓喜の大声をあげた〉

この顛末は日記にある。

六月二十三日日曜日――クララ日本出発の日の、夢である。

伊芸よし子嬢送別会 (1940 年 5 月 26 日)。クララはよし子のセカンドネームと思われる。太郎前列左、クララ5人目か

カハルウ男女青年会のピクニック。太郎は前列中央、右はクララか (1941 年 2 月 22 日)

日米開戦前夜

一九四〇年七月十四日、日――カハルウの教会へ弁論に行く。

太郎は日本人（一世）と二世に呼びかけた。

「昨年九月の欧州大戦勃発で、種々の日本人団体に疑いがかけられている。われわれはハワイ人口の三四パーセントを占める十五万九千五百人の忠実な米国市民たるべくかからねばならぬ。一度しかない生涯を、日米両国のために努力しよう」

「日米両国のために」といったこのとき、日本軍は真珠湾奇襲（一九四一年十二月七日・現地時間）を一年五か月後にひかえていた。

日米が戦争にいたる政治的時局を見ると、一九二二年米連邦最高裁は日本人（一世）を「帰化不能外国人」と判決。二四年排日移民法で日本人の移民が禁止。飛んで四一年、司法省は日本人を「敵性外国人」と規定。これが全日本系人の強制収容所送りの裏付けとなる。二世は敵性国民の子孫となり、ＦＢＩは日本系人を徹底的に内偵しブラックリストを作成、開戦と同時に一斉逮捕の挙に出る。民衆扇動を見ると、ハリウッド映画を含むマスコミはこぞり言語、文化の相違と日本人の外観から〝ジャップはジャップだ〟〝人間になる過程のモンキー〟に戯画化、これらは当の日本人でもゾッとするほど、お見事！　なできばえだから、白人に潜在する日本人に対する人種的偏見を正当化することに大いに役立った。

その日本系人社会の、日本村は親米派と親日派に分裂したことは先に述べた。ハワイの高名な学者、阪巻駿三の比嘉太郎への〝日本決別宣言〟といって過言ではない、衝撃的な書簡がある。

阪巻は一九〇六年ハワイ生まれの二世。太郎の十歳年長。同志社大学に歴史を学び、コロンビア大学大学院に学び、宣言のときはハワイ大学教授。阪巻は本文に入る前に――比嘉太郎の活動はよく承知している。大学に賞賛の声が寄せられてもいると述べて、いきなり、

〈我々は二世ではない。我々はアメリカ人第一世なのだ〉

と位置づける。日本人移民の一世はアメリカ国籍が取得できないから日本人である。その子二世が「アメリカ人一世」の意味と思われる。そのアメリカ人が何かと日本にひもづけられるが、われわれはアメリカ人なんだと。二世のアイデンティティのゆれ、アメリカ人にも日本人にもなりきれぬこころ――端境的曖昧性――をスパッと切り捨てた。

阪巻はつづける。

〈この戦争に於けるわれわれの品行、ふるまいがアメリカ人としての我々の未来を作りもし破壊もするだろう。アンクルサムのために、さあ我々は全員、懸命に戦おうじゃないか〉

檄文は熱狂的につづく。

〈我々のうちの誰かは戦いに斃《たお》れるだろう。だが我々は忘れてはならないのだ。ナチとジャップの息の根を絶やすために、我々はできる全てのことをしなければならないのだ。そうすることで慎み深い人々は自由にそして平安に暮らすことができるであろう。これは我々の国と人類に対す

るこの上ない義務なのだ〉

この劇薬のほとばしりを意訳すれば、――われわれは〝日本系〟といううっとうしい服を脱ぎ捨て、すっきりとアメリカ人となるために、ナチとジャップの絶滅に全力をつくさねばならぬ。その度合いがわれわれのアメリカ人具合をきめるのだ。そのための犠牲（戦死）には価値がある、と。この劇薬はしかし怪しい。というのも博士は「アメリカ人とは何か」を定義していない。この時代、典型的アメリカ人とは阪巻自身がいう「アンクルサム」だが、それはアングロサクソン系つまり白人である。結局阪巻自身がユレている。

太郎への阪巻博士の手紙は〈アメリカ人第一世〉への祈りで終えている。

〈君に幸運を、そしてアメリカの軍服を着る他の全ての人に幸運を！〉

第二次世界大戦における日本系アメリカ兵の死傷率は約四〇％、アングロサクソン系兵を飛びぬけて高かった。その高死傷率が、日本系アメリカ人の戦後の居場所具合を改善したのは事実である。

太郎の講演「一度しかない生涯を、日米両国のために努力しよう」との呼びかけは、博士の〈ナチとジャップの息の根を絶やせ〉の檄に対する回答であった。太郎の二世の定義は「新しい種族」であった。そのかれの母は沖縄。四方を海に囲まれた島人《しまんちゅ》＝ウチナー人の精神には十五世紀以来、〝万国津梁《しんりょう》（渡しと橋）〟となるべく伝統が染みている。今、その精神を行動に移そう、というのである。

もっと恋をしろよ

同じころ、太郎は沖縄県人の移民四十周年にあたり、カウアイ島の親泊《おやどまり》義良から『布哇《ハワイ》沖縄県人発展史』編集の協力を依頼され、〈この地方の実態調査と資料収集〉に全力で取り組んでいる。これに親泊は〈衷心より感謝するとともに近日のうちに日本に送ることができますことをご報告いたします。一九四〇年十一月九日〉と感謝の手紙を書いている。その〈全島にわたる沖縄県人の実情調査、資料収集〉に平行して『在布沖縄県人録』を製作し、その間には友人らの身のふり方に奔走し、字島袋《あざしまぶく》男女青年会の日本人病院視察、優良農場見学、農業改良指導、農機具の改良等々「人のため、世のため」に息つくひまもない。農園の働きも半端じゃない。そこへまたもや火事が追打ちをかけた。

一九四〇年七月二十一日、日——午後三時、カハルウに帰ったら山火事になっていた。兄の野良焼きが延焼した。消防車三台。ワヒアク、ココカヒ、カハルウの日本人殆ど総出で、四時半鎮火した。

これはなんと比嘉家四度目の火災、だが幸い大事にはいたっていない。こんなにあわただしいときにあって、太郎はすばらしい沖縄の伝統芸能を広めるため、中城《なかぐすく》村人会主催「琉球芸術競演会」を企画し、その会場の準備をし、ラジオと新聞に関係記事を書いている。琉球芸術競演会は「大多忙だがお陰で大満員」。一位は城間秀子の「鳩間節《はとまぶし》」とある。沖縄の、八重山の、ほんとうに小さくて美しい島、鳩間島の魂をうち震わす名曲が、ハワイで歌われているのだった。

太郎はいそがしいけれどもしばしば途中下車、恋をする。

八月二十二日、木――島袋《しまぶく》カメ子に思い切って電話した。

カメ子――。そのゆかいな名に似ず、足はすらりと長く、動きはよほどすばやく、また美しく、しゃべる口調は野性が響いたという。

「カメ子ほど愛した人はまたとはない。カメ子さんとの縁は天与の物として感謝する。水牛仕事した夜、カメ子嬢とゆっくり語りあった。結婚問題まで触れた」

というのに以来、会う機会も与えられない、がついに、

「今日八時十五分に会うことになっていた。けれどカメ子さん、九時四十五分に来た」

いくらカメでもデートに沖縄タイムはありか？　一時間半も遅れてきたあげくになんてことを！

「太郎さん。私《うち》、いま、結婚は考えられんはずョ」

まるで他人《ひと》ごとだが太郎はもうフィーバーしている。男とは女がいるからがんばる動物である。〈農園にタロ芋田にと水牛仕事をがんばっていると、警官にいきなりピストルで撃たれた！〉。幸い弾丸は目をかすめてそれた。

そのおなじ日。カメ子とよくよく話しあったが、かの女は「貧乏はダメダはずよ」とあからさまにいい、当分会わないと宣告。やはり太郎の生き方が障害になっている。が、そこはウチナー人の底力というやつ、ねばり強く電話してようやく会う約束がえられたその当日。一時間半待ち

どころじゃありゃしない、〈カメ子さんは来なかった〉。

一九四〇年九月一日、日――カメ子のことを思って農園仕事が手につかない。恋は農業よりも強しか？

カメ子の愛は湿った新聞紙、いっこうに燃えないが、ボッと火がついた。

〈ガロンの水で発火、火事になった〉

なんと比嘉家五度目の火災である！　第二回目の大火災とおなじ物理現象、一ガロン瓶の水がレンズの働きをして枯れ草に火がつき、燃え広がったのだ。今回は幸い大火にいたらなかった。消防車の勢いよい放水に太郎はずぶぬれだが、鎮火のときは恋の情火も鎮まっていた。広い焼け野原からかなたへ爽快に男の叫びが渡っていった。

「さらばだカメ子。俺はハルサー（農民）だ、農園に生きる！」

カメ子と入れかわるように、クララが日本から帰ってきた。以下は二人の顛末《てんまつ》記である。

十月五日、土――クララの結婚式に行った。青年会代表で彼女の今日までをたたえた。

〈じぶんもなるほど、そうまで変わった〉

失恋の狂想曲《カプリッチオ》――太郎はいっぱい恋をした。そしてかたはしから失恋した。まぶしい花だった。しかし巨《おお》きなガジュマルの樹《き》の緑陰はさらに広やかになっていた。そのどこかに、クララもカメ子もたくさんの女たちが涼んでいる。かの女らはこの先老い入るごとに、青春のさわやかな緑陰をなつかしむだろう。

＊

一九四一年一月一日——ハワイの新年は希望に明けた。日米開戦の年明けである。それを希望の年という。なにしろ日米の経済力GDP比は一対十一、ハワイは豊かなのだ。

一方この年、日本の国家財政に占める軍事費は七五・七％。膨大な国債で借金まみれ。よって日本は「ガソリンの一滴は血の一滴」などとしみったれている。日本人民は莫大な軍事費に飢餓・極貧・身売りがあたりまえだが、ハワイのニッポン村にはゆとりがあった。比嘉家は広大な土地を購入している。

さて日本の新年は向戦家・東条英機の死の訓示、「戦陣訓」で幕が開けた。興哲舎の浩一さんの不幸の予言、日米開戦まであと十一か月。

一九四一年夏——前述の『布哇沖縄県人発展史』が日本で印刷製本されて上梓、見本の三冊がハワイに届いている。本体は横浜港の倉庫に眠っている。日米断絶状態が災いして船が出ない。そこへアメリカ時間十二月七日。日本軍のハワイ奇襲でお蔵入りとなった。

とんで一九四五年五月二十九日、米軍機は横浜を無差別爆撃。B29爆撃機五百十七機、P51戦闘機百一機による焼夷弾攻撃が三千六百余人の生《いのち》を焼きつくすそのとき、太郎が心血を注いだ成果も紅蓮の炎を上げていた、完全焼失であった。この事実を戦後に知って、かれはハワイの三冊を探してまわっている。

〈その一冊をカウアイ島のある人が所持すると聞き、私はお願いして同氏の書架を見せてもらった〉が雨漏りによるものか浸みがひどかった。本の形はあったが持つと、ボロボロ崩れてなくなった。あとの二冊はいまだに行方不明である。

大戦争の業火が、おばあちゃんの沖縄を、火風《ぴーかじ》・鉄の暴風に焼きつくそうとしていた。沖・日・米二十数万人が小さな島に骨神《ふにしん》となりつつあった。――その骨神たちを向戦的日本政府は現在、軍事基地、辺野古の海の埋め立てに使うといっている。小さな島々を軍事要塞化している。いつかかならず、沖縄の自然神はヤマト＝日本にバチを当てるに違いない。

「洋上・ＹＯＪＹＯ」は開戦の一九四一年二月号まで。「ＫＡＨＡＬＵＵ」は同じく五月号までが残されている。ともに終刊の辞はない。太郎一身上の都合でやむなく中断したと思われる――徴兵である。

追記――完全消失と思われていた『布哇沖縄県人発展史』だが、沖縄県立図書館の発表（二〇二四年四月十九日）で、和歌山市民図書館に一冊収蔵されていると判明した。わかっている限りでは、世界にただ一冊の現存である。収蔵過程は不明。

4　戦争をしに行く

隣人を愛さないとこうなる

生きるとは十分に食えることである。だから、日本とちがってアメリカは農民を徴兵しなかった。にもかかわらず、ハルサー（農民）太郎は徴兵された。この事態を太郎は「牧師に村から追放された」と意味深にいう。どういうことか。

カハルウ男女青年会の名簿がカハルウ地方の二世徴兵の基本台帳（アメリカに戸籍制度はない）となり、会長の太郎は徴兵名簿作成の責任者についた。この事態を、ある白人牧師が「それは好ましくない。ここはアメリカだ、キリスト教会が進めるべきだ」と横やりを入れてきた。太郎は矢面に立ち「我々がやる。なぜなら教会通いは半分もいないし、名簿もなかろう」と牧師を退けた。ところが牧師は徴兵委員だった、とのオチがつく。太郎は「この根は人種差別《にっぽんヘイト》だ」と断じるが、といってもどうにもならない、楽天家はぱっとチェンジ。

一九四一年六月三十日、早暁――入営の日は遂に来た。私は起きると泉水口へ行き、手を清め、口をすすぎ太平洋を吹きわたる東の風を胸一杯吸い込んだ。お丶日の出だ。何という雄大な姿だ。

私の姿も太陽のように希望と感激に輝いている。

このいさぎよさ、爽やかさに筆者はある体験記を思い出した。引き写しておく。

――われ黎明の丘に立ちて遥か東天に向かい天皇陛下おわします宮城を遥拝、慎みて言上す。「私は愈々《いよいよ》明日帝国海軍の一員として皇国の海の守りに就きます。この上は醜《しこ》の御楯《みたて》として粉骨砕身、尽忠報告《ママ》の誠を尽くす覚悟であります。もとより私の体は陛下よりお借りしたもの、何時の日か戦場にて必ずお返し申し上げます」

言い終わるや、瞬間感極まりて落涙、覚悟更に新たなるを覚ゆれば、われ、よしと思い、暫し粛然と空を仰ぎたり。（渡辺清『海の城　海軍少年兵の手記』原文は片仮名）

真珠湾奇襲まであと五か月。戦争を知らない若者にとって、戦争はどこかに冒険気分があったと思われる。渡辺は大和に乗艦、沖縄方面海域で九死に一生をえる。太郎も同様の道をたどる。

入隊。太郎を待ちかまえていたものはなんと、ＦＢＩの厳しい尋問。ウチナーも日本国、敵性国民直系のしかも二重国籍、さらに兵役免除の農民だからスパイと疑われた。〈ＦＢＩの訪問は数日おきにしばらく続いた。私はまたいつでも来てください。私も面会があればつらい任務から解放されて好都合です、と言ってやったら来なくなった〉。

一九四一年十二月六日土曜日（真珠湾奇襲前日・アメリカ時間）――私は農民だから、金曜の午後からカハルウの自宅に（農作業に）帰ることが許されていた。

十二月七日（日本時間八日）日曜日——早朝からカネオへ海軍飛行隊基地方面より戦闘機の大音響。濛々《もうもう》と空へ黒煙を上げている。コオラウ山脈を越していくのもあれば、基地へ直進するものもある。どうも真珠湾とカネオへ基地とを往復しているらしい。陸海軍の合同演習だ、みごとだ。と感心する太郎のすぐそばに砲弾が破裂。「危ないだろう！」などと腹を立てたりしている。

ラジオはのんびりとハワイアンを流している、がとつぜん引きつった。

「国籍不明の飛行機編隊が、パールハーバーを爆撃中！」

そうしてまたゆるゆるとハワイアン・ミュージック、そしてまた引きつる、このくり返しに放送もてっきり演習参加と太郎はおもっている。

〈見よ！　目前の基地は黒煙におおわれた、本当の戦争のようである〉

ド迫力に感嘆感激する太郎の頭上を、ゴウ！　と通過した物体にはなんと、翼にくっきり日の丸が！

日本軍の奇襲といえば真珠湾《パールハーバー》、——この歴史的常識は間違っている。日本軍はまず、裏オアフのカネオへ海軍航空基地を奇襲、太郎を悩ませつづけてきていたあのやっかいな農民の基地建設労務者引抜き問題は日本軍が爆弾であっさりと解決してしまったわけだが、比嘉家はその湾の対面にあった。

「(日米開戦は）覚悟はしていたものの、目の前が真っ暗、目眩がし大地に引きずりこまれるような名状しがたい恐怖だ」

ラジオはヒステリックにわめきたてた。

カネオへの防空壕。日本軍の再攻撃にそなえ、白人の子も日系人の子も。上は野菜畑（1942 年、カネオへ図書館提供）

1941 年 6 月 30 日入営の日。レイが山ほど贈られた

「外出中の将兵は即刻各自部隊に報告し、帰隊せよ！」

太郎は弟の運転でホノルルの集合所へ出発。母はじぶんも行くと言い張った。非常事態だ危険だと説得するが聞き入れない。母は息子は戦死するかもしれぬ、これが今生《こんじょう》の別れと思っただろう。ホノルルの集合所に着いた。そこから先、民間車両は通行禁止だった。母は分別を失った。

「タロオ、ヨオーッ！　タロオ、ヨオーッ！　オイデェ！　母ニオイデェ！」

おんぼろトラックから身を半分のり出し、叫び、遠ざかってゆく。その母の服を弟の右腕がつかんでいた。

〈この時の母の姿は幾多の戦線においても忘れえぬ、母の子を想う有難さであった〉。三歳での別れの母は、恐怖と絶望の黒い背中であった。

集合地点から所属のスコフィールド兵営にゆくには、軍港パール・ハーバーを左に見ることになる。〈濛々たる火炎と黒煙におおわれ、日本軍機の爆音がとどろき、平和な楽園は一朝にして……、地獄だ〉。沿道では〈反日にまとまった群衆が我々にVサインを送る〉。その眼前で衝撃的事件が起きた。〈わが親友右田寅雄が日本機に撃ち殺された〉。日系兵最初の犠牲者であった。

太郎は即オアフ島ワイマナロ海岸パトロールの任務に就いた。ために重要目撃証人となる。〈日本兵二人乗りの特殊潜航艇（特攻艇）、二個の水雷を備え各三〇〇ポンドの爆薬装填、体全体が激烈な爆弾〉の座礁を発見。ところが日本は「生きて虜囚の辱めを受けず」だから、乗組員は太平洋戦争における、恥ずべき日本兵捕虜第一号である。軍は「戦死」と公表し、存在は抹殺された。

――それから八十年後。二〇二一年八月八日。朝日新聞デジタル版に筆者は目を剥いた。

〈太平洋戦争「捕虜1号」となった兄　口外禁じられた家族〉とあった。

ついで東京新聞デジタル版に、

〈太平洋戦争の「捕虜1号」酒巻和男さん〉と載った。

太郎が目撃したその人だ！　報道によると氏のご家族は共同体において、敗戦後も長らく恥ずべき捕虜家族として肩身の狭い思いをされてきていた。

酒巻氏ご本人が書いたものによると、氏の艇がハワイの日本人系アメリカ兵を恐怖に陥れた事実はご存じない。米軍部は事件を「日本軍は潜航艇でハワイに大挙上陸、日系兵と合流の前ぶれ」と読んだ。ハワイ全日本系兵千四百二十名は武装解除、あげくは〝全員処分〟とんでもないうわさが流れたのである。

〈五月下旬、日系兵は兵営の一隅に羊でも集めるように集められた。われわれの不安は最高潮に達した。いよいよ最後だ、覚悟せねばならぬ〉。さすがの楽天家も顔面蒼白、〈列車につめこまれた。行く先も告げずに発車。途中の停車駅ワヒアワで家族に遺言を託すものもいた〉

狂乱をむき出しにわが子をさがす母親がいた。

「タケシや！　タケシやーい！　おにぎりだよ、タクアンだよオ！」

列車は息子に手わたすのを待っていたように発車。母はぺたりとホームに座り、両の手で息子をかきよせる仕草をして絶叫。

「タケシーッ！　タケシやーい！　死んじゃならんどぉ！　おいでぇー、母ァちゃんにもどっておいでぇー！」

やがて汽車はホノルルの桟橋に到着した。ふだんは大勢の日本人沖仲仕が働くところだがなぜか人っ子一人いない。日本系兵のジェノサイド、その目撃者の排除だと太郎は直感。見るからに老朽の貨物船、マウイ号につめこまれた。船は出た。

「沖に出て船ごと爆破されるんだ」

太郎は心底オヒア・レフアという美しい花のレイが欲しかった。海に投じたレイがハワイに流れ着けば帰ってくるのである。遠ざかるダイヤモンドヘッドに想いをはせている。

〈英語がまったく理解できない一世は日本語禁止の中で、いじめられるだろう。「スピーク・イングリッシュ！」と怒鳴られても口答えも出来ず、「エース　エース」やっと詫びられたら良い

方だ〉

コオラウ山の山並みに太郎は祈った。「君の懐に抱かれている大勢の日本人を暖かく見守り育んでくれ」。そのふもとは太郎のふるさと、裏オアフのカネオへの奥地、そこに母がいる。

〈われわれは口をきかぬまま夕闇が迫ってきた。不安が耐えがたくなったかひそひそと、……俺たちこの先いったい、……この船の底はパックリ、開く仕組みになっておって、俺らは海の底だ……、そうじゃねえぞ、白人は軍艦に乗り移って、そのあと爆破するんだ〉。情報がないままにすぎてゆく時間は、想像を悪いほうへ悪いほうへとふくらませる、そういう幾日かがすぎたとき。

「おーい、青いぞお、上がってこーい！」

日本犬が吠《ほ》えるごとくの甲高い日本語が船底にひびき、かけのぼると広がっていた、カリフォルニア・ブルー。

「助かった！」

ブルーの中に、近代文明の最先端を見せびらかすぐあいに、長く鮮やかな朱色の美しい幾何学的デザインがいやでも眼に入った。

「ゴールデンゲートブリッジだ！」

「おおっ　夢に見たサンフランシスコだ！」

四年前に完成したばかりの瀟洒《しょうしゃ》な、白人女性がすらりと長い両手両脚を思いきりもようち開き、両端をつなぐ、そんなふうな橋である。その派手やかに赤い真下をマウイ号はくぐり、ゆっくりとゆっくりと湾奥深くに入りこみ、オークランド軍港に無事着岸したが、霧のサンフランシスコ見物どころじゃない、黒いシェードを下ろした列車へ直行、すぐさま出発。何も見てはならぬ何も告げられぬうす暗い三日がすぎて、大陸内部ウィスコンシン州はマッコイ・キャンプ（基地）というところに到着。そこで米本土の日本系兵と合流、多数の戦死者をだすことになる百大隊に編成されたのである。のちに太郎は書いた。

〈あの忌まわしい日本の真珠湾奇襲いらい、アメリカ人でありながら日本系という理由で公私にわたり差別を強いられてきた〉。そして断言した。

〈だいたい百大隊そのものが、日本系だけを分離して再編成した差別の産物である〉

こう表だって本心――百大隊の存在自体を批判する日本系兵はまれといっていい。大多数は愛国心、忠誠心に代返させている。その差別の産物には差別内差別があった。

「本土とハワイの日系アメリカ人のどっちが、アメリカ人らしい日本人か、日本人らしいアメリカ人か」

阪巻博士の論を思い起こすが、白か黄色か、この精神的色彩論争をいい当てて妙、だれがいいだしたか「ゆで卵とバナナのケンカ」といった。基地の中がそういうとき、外の日本人などは偏見に満ちたハリウッド製の反日プロパガンダ映画でしか見たことがない、白人の町はパニックに陥っていた。

〈何しろ日系人ばかりの兵千数百人が突然、街中を武装行進するのだ。「ジャップの落下傘部隊が降下した！」と軍令部に緊急電話が殺到した〉

差別には果てがない、その戯画である。

奇妙な果実

一九四二年夏。休暇の太郎は南部ルイジアナ州へと、ある人物を二昼夜かけて訪ねている。「日本へ帰る日までタクアンと日本茶は断つ」——あの親日派の先生だ。太郎が東京留学にあたり先生はいったものだった。

「今度きみと会うときはどこだろう、そこは我が帝国か……」

そこはＦＢＩの調査に帰化不能外国人、敵性外国人、それも先鋭的な反米主義者と断定された日本人の強制隔離所（Concentration Center）である。タクアン先生は阪巻博士の「息の根を絶やすべきジャップ」なのだ。

先生の目の中には敵兵が映っている。

〈面会は心なしか打ち解けない感じのする短いものであった〉

タクアン先生は太郎にこういっている。

「私はきみと立場は両極端だが、そこに益することがある、助けになることがある」

なにをいいたいのだろう……。鳥は嵐でも左右の翼をとりなし安定を保つ。右翼と左翼の中心はナカヨク・調和、ハーモニーといいたいのか。とすれば国粋主義者は隔離所で民主主義に転向したのだ。

太郎は日本へ帰国の三等船室を思い起こして書く。

〈敗者には学ぶべきことがある〉。早くもニッポン敗戦を確信していたようである。

*

太郎が動くと何かが起きる。その帰路逮捕されたのだ。列車の待ち時間に例のごとく写真を撮るなどウロチョロしていると突然、私服の二人に両腕をつかまれた。そのとき、道路をはさんで向かいの新聞スタンドの白人老人が後ずさりしながら、太郎を指さし、さけんだ。

「そ、そいつだ、ジャップ・スパイだ！」

後ろ手に手錠をかけられた。

〈兵隊がぼくに向かって自動小銃や軽機関銃を構えている、新聞社のカメラマンが大勢フラッシュを焚《た》くし、消防車まで来た。僕のまわりは物々しい状態になった〉

護送車に放りこまれた。太郎はかつて日本の特高警察に拷問されている、だが生きている——。この逮捕の恐怖は底なしだった。

〈南部はすぐリンチ、木にぶら下げられ、火あぶりにされることを知っている〉

名だたるジャズシンガー、ビリー・ホリデイの、ことに知られるレパートリー「奇妙な果実」(Strange Fruit) は、太郎の逮捕前一九三九年に全米でヒット。「奇妙な果実」は白人のリンチで木に吊るされた黒人である。じぶんもそんな果実としてぶら下がる……。FBI、MP、警官のものものしい尋問に、くり返し「私の所属部隊に問い合わせよ」との要求を無視、豚箱に放りこまれたものの楽天気質だ、「僕は数日間の旅行の疲れからぐっすり眠った」が金属音に眼が覚めた。鉄扉が開き「出ていけ！」とアゴで命じられた。

所属部隊に連絡、誤認逮捕を確認したのは間違いない。だが反省の色はぜんぜんない。だから「NO！　出ない」と居座った。太郎はめったに「NO！」をいわない。いうときには不動の決意の表明である。連中は太郎に手こずっている。

「NO！　このままでは行かれん！」

「ではどうすれば出て行くのか？」と軟化した警官に太郎はいったものだ。

「そうだな、きみらに話す時間を三分間くれたら、出て行ってやろう」。OKしたから太郎は「下手な英語でぶった」。

身長百五十七センチ、百大隊でいちばん小さいといわれる太郎は大男を見上げて、「私はジャップではない。ジャパニーズ・アメリカンである」。

「ソーリ、サー」

「その人間とこの軍服《ユニフォーム》に対してジャップ・スパイといい、しかも群衆の中で機関銃を向けるとは何事か！」

「ソーリ、サー」

なにをいってもこれをくり返すばかりで「OK、OK、もうよろしい。俺を駅まで送りなさい」。警官は太郎を列車の駅までしおらしく鞄持ち、とまでは名場面だったが内心は……。

〈安堵と興奮から覚めて、今怒鳴り散らした演説の仕返しに警官が民衆を扇動して『奇妙な果実』にされると恐怖、実際やりかねない。できるだけ構内の雑踏に紛れ込み、びくびくしながら汽車を待った。ようやく車上の人となって翌朝次の訪問地、アーカンソー州のリトルロックに着いた

時は、ほっと安堵《あんど》の胸をなでおろした〉
記録の価値を知る太郎は没収されたフィルムと「ジャップ・スパイ逮捕！」の見出しかどうか新聞記事を入手しそこないを、残念がっている。

自由？

〈子供の戦争ごっこはもうあきあきしていた〉

たしかにだらけきった様子が写真に読める。戦闘訓練が長引いたのには深刻な理由があった。敵性外国人の直系、日本系兵を太平洋方面に投入すれば、日本軍に寝返る不安がある。ヨーロッパ戦線のヒットラーとムッソリーニは東条のお友だち、軍部は日本系兵の使用方法に悩んでいた。というわけでパールハーバー以来、千四百余もの日系兵にムダ飯食わせること実に二十か月、その戦争ごっこにも終わりがくる。

一九四三年八月十一日、総員ニューヨーク港へ移動。八月二十一日同港出港。だが行く先も告げられない。

確かなことは戦争ごっこの原っぱを出たこと、実戦場へ向かうこと。

〈兵員は、白人部隊二千数百人と都合四千名。寿司詰めのところにびっしりと武器、そのすき間のベッドも二人で一つ、交代で寝る〉

甲板で太郎ら大勢が膝を抱えている。四千もの生《いのち》を一色の軍服に化して運ぶ輸送船は、あの巨大な像、自由の女神の足もとを通過していた。冠部分の開口部から観光客が見下ろしている。太郎は懐疑に陥った。

〈女神の体内にいる観光客は自由か？〉

女神の中に入れば女神は見えない——女神のかかげる自由のかがり火は、反映しない。しかし、外にあるじぶんはどうか？

「我々は自由と民主主義の大義名分で戦争をしに行く。だが小である人間を生かすか、大である国家を生かすか。それをじぶんで決められぬ自由とはなにか？　民主主義とはなにか？」

女神は遥かな眼差しで応えるのみだった。

煩悶《はんもん》するとき、賀川保生が語った。見るからに腺病質なこの男は太郎の右わきに横になっている。身体検査で後方勤務を命じられた、にもかかわらず、これを拒否、前線行きに加わったという。しかも、「敵性外国人」と定義された日本人と日本系人を強制収容する十か所の一つ、カリフォルニア州の砂漠にあるマンザナー強制収容所の中から志願したと。

「そうまでして、国家の大義に死にたい奴って、いるものだな」

太郎の挑発に、賀川はもの静かに答えている。

「じぶんが前線に行くわけは、じぶんを捨てて、十数万の拘束される同胞の自由を勝ち取ることです」

じぶんがなすべき正義について、考えぬいて、そして決断した行動だ、国家への忠誠心ではないと。いまマンザナー強制収容所には賀川の家族七人が拘束されているという。太郎は問い返した。

▲「ユニフォームは平等だがな」（「CAMP Ⅱ BLOCK211」ジャック松岡著）

◀太郎の身長は徴兵基準以下で徴兵免除のはずだがされなかった。のっぽの彼は兵役解除になった

子供の戦争ごっこはもうあきあきだ

「しかし、きみの考えでは、日本系人の自由なんて、自己淘汰《とうた》と同義ではないか？」

「その通り。敵性外国人というが、ドイツ系もイタリア系も、強制収容などされてない、白人は自由だ」とだれかの声がいう。

「ヤツらは白人だ、見えにくい。ジャップは見えちまうんだ」とだれか。

「おれらは外形からして、目ざわりなんだな」とだれか。

「アメリカの民主主義と自由は、白人専用だ。ユニフォームは平等だがな」とだれか。

「ジャップはジャップだ。忠誠だろうがなかろうが、危険分子だ。といったのは俺らの親分、デヴィット将軍だぜ」とだれか。

「その親分、最上階のルーズヴェルト大統領は言ったぞ、The four freedoms って」とだれかが皮肉る。四つの自由とは表現の自由、信仰の自由、欠乏からの自由、恐怖からの自由である。

「とにかく、白人のために、日本系人のいのちを投げ出す、しかも相手はナチだぜ。こんなに合理的で効率的な〝ジャップ兵〟の淘汰方法はほかにはない」とだれか。

「そうよ、毒《ジャップ》を以て毒《ナチス》を制す。これが大統領のねらいよ」

太郎の左の男のこの皮肉にふと、ハワイの農園に働くとき、いきなり「なんでかね？」理由もなく警官に発砲されたあの危機一髪事件がよみがえり、動揺している。

「結局われわれは〝奇妙な果実〟だ」

奇妙な果実。賀川はこのジャズソングを知るだろう、きっぱりと否定した。

「それはちがう。われわれを木に吊すのは両親の祖国だ。ニッポン国が始めた戦争でしょうが」

これに左の男が切れ切れいった。

「高尚なお話はけっこうだ。オレらは運ばれてるんだぜ、戦場へ、白人どもと」。これにだれかがどなった。「おれら日系兵の戦死に白人どもは、良くやったゆで卵連中、というだろうさ」。別の男が、「バナナにしてやるぜ、ってな」別の男が、「一皮むけば真っ白だ」。この自虐的皮肉に爆笑が起きた。

バカ話に青白い顔の賀川は静かに応えている。そのことばは胸をうつ。

「僕は信じる。数十年後か、百年後か、僕らの死は子孫によって、何倍にも報われる」

人種偏見のなくなる日……。宇宙の果てが想像できないように、できない想像に気が遠くなる。

左の男が冷水をぶっかけた。

「バカ、くだらん！　ロマンチシズムもいい加減にしろィ。その報いは明日かも知れんのだぜ、パープルハート（名誉戦傷章・戦死者に与えられる）って奴でな！」

賀川保生は戦死する。太郎の眼前で即死だった。それから八十年、かれに託された子孫のわれわれは、まだ、かれに報いていない。

脱走しようぜ、な！

輸送船はニューヨーク出港から二十二日、一九四三年九月二日。ジブラルタルを経て地中海に入り、アフリカ・オラン港に入港。同月二十日。ふたたび移動となってそのとき初めて、向かう先が知らされている。そこは日系兵三分の一が戦死負傷することになる、ナチスとの激戦地。

九月二十二日。——輸送船はイタリア中南部サンレノの海浜、ワイキキのような美しい浜辺につっこんだ。敵はいなかった。ピクニック気分で海水浴を楽しむそう遠くないところから、雷鳴のような野砲の音、豆を炒《い》るような機関銃音が他人ごとのように聞こえてくる。百大隊A、B、C、D中隊は最前線へ、太郎のE中隊は幸い、後方の兵站《へいたん》防御、のんびり過ごしている。

そういうとき、またもやいやなうわさが流布。

「どうやら俺たち日本系兵は、白人の弾よけらしいぜ」

これを「さもありなん」と太郎は聴いている。ハワイでの「砂をかむような苦い経験」、あの武装解除と、おんぼろ輸送船の恐怖は忘れられるものではない、というわけでとんでもないことを企てた。

「なあ石嶺《いしみね》、日本系兵を差別するならしろ。俺らは脱走してドイツ占領下のフィンランド、ドイツ友邦ソ連のシベリア経由で朝鮮から日本へ渡り、日本軍部と協力しながらラジオその他で反米活動しようぜ、な!」

「な!」と脱走を勧誘されたハワイのコック石嶺真徳は青天の霹靂《へきれき》だった。なにしろ太郎の策謀はアメリカ国家反逆罪、最高刑は死刑という重犯罪である。しかもハワイのコックは知っている、

——この男比嘉太郎、やると決めたら必ずやる。

石嶺はいった。「ユー、でえじ《タイヘン》!」そして観念した犬のように「われわれ日系兵はどう扱われようと、それは日本が真珠湾を奇襲したその反動だ、シカタガナイ」。

かくして太郎は単独脱走を謀った。地図を入手、逃走経路を「各角度から検討」するとき状況が急変、それどころではなくなった。

〈歩哨に立ち千ポンドの爆弾にまたがり、チキン、ハム、などを食い放題、半分食っては捨てる贅沢をしながら策を練る〉ときだった。百大隊最初の犠牲、ジョー・高田戦死の報がとびこんできた。最初だけにショックは大きく、仲間を見すてる脱走をためらった。そこへ太郎のE中隊に出撃命令が下った。

「ドイツ軍占拠の小山を奪取せよ！」

〈サーッと血の気が引いた。ついにE中隊は出撃する、死刑判決を受けた気がした〉

即出撃、雨足が激しい。

〈あちこちで鬼火が燃えさかり、行く手を照らしている。作戦では、敵銃座は沈黙させたはず、そのナチが機関銃を乱射してきた、待ち伏せていたのだ。銃弾が風切って鉄かぶとをかすめる。一人、また一人、二人、三人、倒れた戦友を抱きかかえると、なにが起きたんだ？　とびっくりした眼がフッと落ちて、ズンと体が重くなる、魂が体から出ていった。早く楽になってうらやましい……〉

軍部の作戦かどうかその真偽はさておき、絶滅さすべきジャップと絶滅さすべきナチスが殺し合っている、合理性《コスパ》満点の作戦である。

一九四三年十一月四日早朝。――ハワイ・マウイ島出身の沖縄系ハロルド・東が戦死。怜悧《れいり》な男であった。かれは輸送船の甲板でこういっていた。

「人類はじぶんたちの手で退歩に進みつつある。戦争にかり出されるのは知能、体躯《たいく》の健康な若者だ。そして戦死するのもこれらの者だ。世の中は逆を行っている」

先に死ぬ順序のお偉いご老人たちは、安全地帯でワイン片手に作戦を練り、新しい種族を大量消費物資に見立てて、日本系兵死傷率は四〇パーセントかネ、そんなものだろう、などと満悦顔をしてるのだろう。兵隊にとって、連中は戦場におけるもっとも遠い存在だが、もっとも近い存在は直属の上官、セーセル中尉。かれは太郎にいっている。

「日本系の君らは、親は強制収容されていながら、生国のために銃を取る。ドイツ系のじぶんは母国に銃を向けるのだ」

ドイツ系の若き苦悩者は、ハロルド・東が戦死のその日に、母なる国に射ち殺されている。なるほど、戦争は人類淘汰の合理的方法以外の何ものでもない。

子どもの戦争

「着剣！」

「突撃の命の刹那。子どもが、横手の岩陰から飛び出してきた」

七、八歳の男の子。眼玉はきょろきょろ転がり焦点が定まらない。瞬時「この子を知っている」と太郎は思った。――既視感は記憶に関係するだろうか、少年は沖縄置き捨てのじぶんになっている――〈少年の父は目の前でドイツ軍に射殺され、強制連行された母親を探していた〉。

その子は眼にとまらぬ銃弾よりも、母を見失った恐怖に度を失ったのだ。その子は熱い鉄板に煎られる豆のごとく、右へ左へ小走りしながらふと、見たこともない日本人顔に気がついてびっくり仰天、いきなりナチの方へとつっ走った。

「まてっ!」日本語で怒鳴った。「まさに突撃、そんなときだ。ここで待て! と手ぶり身ぶりで伝えると理解したらしい、うなずいた」

〈突撃! の命令に、バンザイ! GO FOR BROKE!(撃ちてし止まむ)。わが隊員は日本語と英語で喚声をあげ吶喊《とっかん》。肉弾戦だが草木一本ない。我々は小高いところの敵からは丸見え、いよいよじぶんも最期だ〉

〈積雪の急坂に足を滑らせ、銃弾がビュービュー耳をかすめる。身がすくみ、足の震えがいっそう登坂を鈍くする。このまま突撃して、肉弾戦で殺し合うよりは、敵弾であっさりと戦死しちまいたい〉と敵陣地につっこんだ、がナチスは敗走したあとだった。〈よほどあわてたか、機関銃や臼砲《きゅうほう》、食料などが散乱していた〉

ぶじ生還。太郎はじぶんを取りもどすにしばらく時間がかかって「その子」を思いだした。〈あれから数時間、その子は岩陰に子犬のようにふるえていた。よく見ると身にまとう靴も、シャツも、少年の苦難の日々を物語っていた〉。翌朝、小さな村へ連れていき、〈その子の保護を、手まね口まねで村人に頼むと、引きうけてくれたが、百メートルも行かないうちに、泣き叫び追いかけてきた〉。問うと、「もらった食べ物がうばわれた。もうなんとしても戻らない、一緒に行く」と身ぶり手ぶりで泣きじゃくる。とって返して見たものは。

〈強者が弱い子から奪った食い物をさらなる強者に取りあげられて、同胞同士があさましい野犬と化し、歯をむき出し共食いしている〉

戦争が人の肉を喰らい生き血を啜っている。戦争は人間の醜い本性を剥《む》き出しにしていた。この情景を太郎はもはや敗戦が確実な日本人の姿ととらえている。しかもイタリアには始末の悪い友軍が居すわっていた。

〈ムッソリーニ敗れ、ドイツ兵になると、イタリアの民衆は生きながら地獄に追いこまれていた。ドイツ兵は残虐の行為をほしいままにして、イタリア民衆をして野獣化なさしめた。若い女性は身を売る……〉

この年一九四三年。太平洋上ではニューギニアのブナで日本軍全滅（一月）、ガダルカナル島戦死・餓死兵二万五千人（二月）、連合艦隊司令長官山本五十六《いそろく》戦死（四月）、アッツ島守備隊全滅（五月）、マキン・タラワ両島の守備隊全滅（十一月）。日本国家による日本人の大量消費に兵員不足を引き起こしたあげくは未来の消耗、――学徒動員の始末となった（第一回は十二月。八月には朝鮮に徴兵制）。

百戦百敗の日本軍最前線は沖縄へ、沖縄へと後退、そして沖縄の友軍となるのである。

女の戦争

一九四三年十一月。太郎は重傷を負っている。後方ナポリへ移送されるかれに、古川侃が戦争に荒れた男の声で惜別の真情を叫んだ。

「おぉーい、ヒガァ、中村みてェに帰ってくるんじゃねえぞお！」

負傷の中村は病院を脱けだしてまで前線に復帰し、戦死している。

療養の地ナポリで太郎は〝近い将来の日本〟観測の眼を働かせている。若い女の群れが病院に入りこんで商品を売っていた、それも競りで。

〈一人の女が『缶詰三個だよ！』と値を張れば、べつの女は「二個でいいよ！」と競る。チョコレート半ダースなら買ってやる、との兵に他の女は片手をひろげて「五個でいい！」。ある兵隊が、二個でなら買ってやるといえば四、五人の女が、「ＯＫ、ＯＫ」と落札した〉

女たちはじぶんの性《セックス》を値下げの競りにかけていたのである。

〈値下げするばかりではない。兵隊が黒山に見物する面前でこれでもかとスカートをめくって見せている。そうしなければ食べていけないのだ〉

女たちはじぶんの性の代金、チョコレート二個を家族のパンに換えるのだろう……。見向きもされぬ老婆や子どもらは「投げた残飯を力まかせの奪い合い。食料を持つ者は身の危険を感じ、同胞相食む野獣と化している」。

凄まじい、浅ましい、悲しい、などというけれども、それは戦争の現実を知らぬものの甘い感傷にすぎないのだろう。眼をそむけたその先では〈投げ捨てた煙草の吸い殻を四、五人の男達が力まかせに奪い合っている〉。阿鼻叫喚の餓鬼道のザマである。

このとき、沖縄戦争まであと十七か月。

＊

「馬鹿野郎、帰ってきやがって！」

負傷から三か月後、太郎は除隊できるにもかかわらず、前線に復帰してどやされた。

「中村みてえに帰ってくるんじゃねえぞお！　と僕を思いやってくれた親友、古川侃は戦死していた」

かれ古川は賀川保生の百年後の希望に「バカ、くだらん！　その報いは明日かも知れんのだぜ、パープルハートって奴でな！」と冷水をぶっかけた男、そのバッジになった。

それにしてもなぜ前線へ自発的に戻るのか？　理解し難いけれどもこの問いかけは解答を求めて思索する、その過程自体に意義があるのではなかろうか。

小さいことはいいことだ

太郎は即前線へ。

〈彼方からキャタピラの軋《きし》る音、ナチの戦車だ！　立ち向かえる武器は粟国《あぐに》正雄（沖縄系）のバズーカ砲が頼み。粟国は迎撃するべく石垣を楯に待ちかまえる。敵戦車は唸《うな》り立木を倒し石垣を乗りこえ刻一刻迫ってくる。百メートル、七十五メートル、粟国は動かない。六十五、五十、粟国は身動き一つしない。

粟国は死んだか？

なら我々は機関銃で蜂の巣か、キャタピラでスルメかどちらかの運命だ。四十、三十五、もうだめだ、粟国は死んだ！　相手は戦車だ、無駄と知りつつ小銃の引き金に指をかけたそのとき、粟国のバズーカが火を噴いた！　タンクは破壊、中の二人の敵兵は即死。すかさず、前進！　の命。敵に向かい坂を駆け下るとき、敵機銃弾が鉄かぶとを貫き、髪の毛を通してくるっと一周、入った穴から出て行った〉

　のちに太郎は文字通りのこの危機一髪を、幼いわが子に笑い話に聞かせている。

「背がもう少し高かったら、パパはこの世にいない」

「そしたらあたしもいないのね」

「小さいって、素敵だね。だってこんなに可愛い娘がいるもの」

　小柄な娘を抱きしめてなぐさめたのだ。

〈突如、敵の機銃に狙われた。積雪の中で身動きできなかった〉

　深紅のまだら模様が純白を侵してゆく。

〈畦《あぜ》に入り這ったままタコツボを掘りつづけた。夢中になって掘っていたら機銃弾が一発、カチン！　ピックに当たった。当たったあたりはやけどするほどカッと熱を持っている〉

〈一発が鼻と唇の間をビューッとうなってかすめ飛んだ。私は掘りかけのたこつぼに身を伏せ、二重の手袋を一つずつ外し、凍えた手で何度も何度も鼻と唇と耳を一つ一つなで無事を確かめた〉

　浅い穴の中で深い眠りに落ちた。

〈目を覚ますと、横の図体のでかい阿部君はきのどくに、まだ穴を掘っていた〉

太郎は徴兵免除に該当する身長百五十七センチ、百大隊で一番背が低いといわれたのだった。

ハハノテガミ

戦場の兵に全米から慰問状がくる。受取人は「戦う兵隊さんへ」。文面は学校で書かされたのか、義務的画一的で返事を書く者はほとんどいなかったという。一兵隊さんの太郎にも適当にあてがわれたが、それは運命的な手紙であった。

差出地はハワイ、それもカウアイ島、しかも差出人はなんと、知念俊子。あの水車発電機発明の新聞記事に「こんな青年が娘の夫になってくれたら」とつぶやいた男の娘である。それを知るはずもない太郎は〈心を込めた文面に返事を書いた〉。このことはあとにゆずり、母からの便りを読みたい。感動する。

〈太郎、元気ですか。お母さんも家族もみんな元気だから安心しなさい。どこにいても親元祖さまのご守護の下にいることを忘れないでください。何よりも体をだいじにしてね。それから、家の前のあなたの畑にパパヤー（パパイヤ）をうえました。そうすれば、あなたが帰った時のこずかいになるかと思ってです。家のことは何も心配しないでね。遠くはなれていても母はいつも太郎といっしょにいることをわすれないで、体に気をつけてがんばってください。母より〉

母カナは小学校二年までしかいってない。息子の意訳である。原文ににじむ母の慈愛は野口英世のやはり無学な母の愛の手紙を想わせもする。

〈タロウ　ハナレテ　イマ、テ　二ネンカント　四十日ナルガ　一バン　ライ《ママ》ヂナ　モノハカラダダ　ダイ一グンジンニ　デタイジョウハ　クニノタメニモ　ハタラケヨ　ハハハイツモ　タロウト　イッショダ〉

ざら紙に硬い鉛筆で力をこめて、とつとつと刻みこんだカタカナ文字は、愛の原石である。

〈私は涙を流しながら激戦下で繰り返し読んだ。母の俺を想い愛するこころに陰《かげ》りはない、澄みわたっている〉

太郎はナチスを相手の異常に凍てつく白い戦場にあって、三歳の恐怖・衝撃・置き去りの恨み《トラウマ》が癒やされたか、戦う勇気を新たにしている。

〈四面雪また雪にして静寂。寒気顔に厳しく、気持ち引きしまる〉

二度目の重傷

一九四四年一月六日、前線復帰から二か月。激戦のヨーロッパでも最激戦地、イタリアのサンレモ。太郎はこの戦闘でまたもや負傷、かなりの重傷だった。

銃を構えて腹ばう下はヴァージン・スノウ。凩《こがらし》は樹《き》に枯れた魂をうたわせ、その白くはき出す激しい息づかいは靄となって、敵から身を守ってくれている……。

〈ビューッ、ドカン！　敵砲弾が頭上の大木に炸裂《さくれつ》、たこつぼに飛びこむ一瞬、真っ赤な焼きごてでぶん殴られた感じが背中にあった。上からの爆裂は防げなかった。真横に、賀川保生が仰向けに倒れていた〉。この一発の砲弾がこれから先もっと必要となる〈日本人と日本系アメリカ人の自由のために戦う〉青春を殺してしまった。

〈賀川と木下は即死。桑江、藤本、それに私は重傷、分隊は一瞬にして五人を失い、七人を残すのみとなった〉

太郎は北アフリカは地中海に面したオランへ後送、そこはニューヨークを発ち、初寄港の港だが、ふりだしに戻ったのではない。戦友と称する友の大半は戦死、負傷した。じぶんが生死の境をさまようこのいまも、青春たちは殺しあいをしている。

〈病院によると脊髄近くに深くめりこんだ破片の摘出は危険の伴う大手術とのこと。しかしここは絶対に敵の攻撃はない、もうドイツ軍の砲弾が届かない〉

気がゆるむと殺し合いよりも生かそうとしてくれる手術が心配になった。そこへ天女が舞い降りた。陽光にみずみずしくも妖しく透きとおる白い肌、細い首にはみごとな金髪がうねりまとわりついている。そのあまりの官能、甘い匂いがおおいかぶさって、……夢か現かここは常夏のハワイ。

「タケシーッ！　タケシーッ！　死んじゃならねえどぉ！　おいでぇ！　母ァちゃんに帰っておいでぇ！」

半狂乱の叫びが「タロー！　タロー！」母の愛の叫びとなった。気がつくと「なんだ、まだじぶんのベッドにいる」。愛の女神に手術はいつかときくと。

「オゥ、タァロゥ！　生還したわね、あんたの戦争は終わったのよ」。手術は成功した、とお祝

イタリア戦線での日本系兵士（DENSHO DIJITAL ARCHIVE）

いの軽いキスをした。

一九四四年六月七日、水——天気は晴朗だ。負傷から五か月、いよいよ今日は退院するのだ。

このとき日本の「北の絶対国防圏」満州はすでにソ連の手に堕ちたも同然。「南の絶対国防圏」の要石、サイパン島は連合軍の上陸寸前（六月十五日）、隣接のテニアン島と合わせて、日本民間人六、七千人名あまりが人種的自殺——集団自決、非業の死を遂げる。その寸前の退院であった。太郎は本国南部ジョージア州にあるベティ・ゼネラル・ホスピタルへ転院。そこには太平洋戦線の負傷兵が数多《あまた》いた。

〈始めて、日本軍の勇敢な戦いぶりや、特攻機の恐ろしさ、サイパン島の戦闘を知る〉

この記述を最後に、戦場日誌は閉じられている。

5　リトル日本帝国

うわさ

一九四四年六月十九日。太郎は〈血膿《ちうみ》が匂いうめき声が満ちる〉病院を抜けだしてある粗末な診療所を訪問している。

〈居間と言うには質素な部屋に通された。ちょっと待ってと奥様が言われた。写真帳を持ってきて、この人は古川さん、この人は羽田さん、この人は真地さん、この人は……、皆さん戦死されました。元気でやっているのは若いこの人たちの健康を診てあげた、老いた私たち……、奥様は涙して声出なくなった〉

若き肉体の健康を保持させた老医師夫妻は、彼らの戦死を、自らの責任のように苦しんでいた。

その翌日。太郎は戦死した友人Ｉ家に電話しようかすまいか迷っている。そのこころがＩの声を聞いた。

「ぜひともかけてくれ、おれのために母にかけてくれ」

おそるおそるかけた。

「ヌーガ　イャーガ　生キトーガ」（あんたはどうして生きてるの）と低い声で静かに迫られたら、どうしよう……、覚悟してかけた。

「するといきなり、『ママだよ！』夫人が懐かしげに涙声で語りかけてくる、ママだよ！　というその心情が電話線を伝わってくる」

ママは、太郎の中に生きるわが息子に、「ママだよ！」と呼びかけたのだ。ゆえに太郎の生還はよろこびなのだ。

〈夜、宮城家に電話した。サムが電話取り、あとルビー、それからママが話された。I夫人同様に、泣かんばかりに喜ばれる声は、電話線を揺り動かしてるような気がする〉
I、宮城、儀間、宮里（沖縄姓ばかりだ）と訪ねる先々で、太郎はわが子の生還のように迎えられている。そうして別れぎわにはだれでも決まったように、「長生きしてくれよ」とヒシと抱く、太郎の中の息子を、というように抱きしめるのだった。友の家族の喜びは太郎の気力となって、いまだ弱った体を支える足は大地を踏んで、生《いのち》をよろこんでいる。
こうした訪問のたびに、戦場における息子の情報に飢える親たちが大勢集っている。赤銅色《しゃくどういろ》に濃く焼けた頸、節くれ立った太い指、早くも曲がった腰、ひらいた膝――尊い金銭製造機たちである。額に頬に掘られ刻まれた幾筋ものふかい谷が、味わい深い風貌にしている。そのかれらがうわさ話にうち興じるのだった。

「日本系兵は、ナチスとの闘いの不利なところばかりに向けられとる」

「まっ先に日系兵が突撃し、つづいて黒人兵が、最後は白人兵だ」

「日本人は白人の弾よけだ」

太郎はこんなうわさに〈心中悲しむ〉がしかし、〈百大隊の編成は日本系兵差別の産物〉だと断罪し、脱走まで企んだ太郎がなぜ悲しむのだろう。この複雑な気持ちをかれじしんが説明できないでいる。

〈このいま、白人兵は倒れて、あなたの息子は生き残ったかもしれない。爆弾は分け隔てしない〉と説明してはいるが、それは現場＝戦場の見慣れた一風景にすぎない。ほんとうの悲しみは内にくすぶっている。その悲しみをたとえば、この赤いコーヒー・カップだよ、と具体的な質量として表せない。このくすぶりは戦後も三十年を経ておもいがけず、われわれの問題をさらけだすことになる。百大隊リユニオン（同窓会）のときのこと。

「嬉しそうですね！」と戦争を知らない若い記者にきかれて、太郎はつぶやくのだ。

〈私は不本意ながらも「ハイ」と答えた。しかし誰の脳裏にも言い表せない悲哀がある。生死をともにした戦友、死者はいない。生き残った戦友の旧交を温める私たちの心境は、私たちじしんが披瀝《ひれき》する術を持たない。それを、第三者が伝え得るはずがない〉

「生き残った者たち」は死者の魂とつながっている。聞こえないことばで語りあっている。――「生き残った者たち」に、死者の魂は質量があるのだろう。けれども、われわれ「第三者」にそれは、見えないし聞こえない。そのわれわれ「第三者」が、さらに第三者に「伝え得るはずがない」。なのにわかったふうに「嬉しそうですね」というのである。これに生き残った者たちは、われわれがわかってはいないことをわかっていながら「ハイ」とわかってもらえたふりをするのである。

三十年引き返そう。太郎の悲しみはしみじみと来し方に入れ替わっている。

〈……ハワイ――ウィスコンシン――ニューヨーク――北アフリカ・オラン――イタリア前線――戦闘。砲弾飛び交ふ中を進軍又進軍、隣りに居りし友は見る間につぎつぎに斃《たお》れ……〉とる書きつらねて、〈まあ、思いだすまい……、独《ひと》り恐ろしくするだけだ〉。

太郎は筆をおいた。そして新しい出発の合図が鳴った。

事実

その男は若いがきちんとした身なり、広い額、高い鼻梁に度の強い眼鏡。やさしい眼差しの奥に、知性の鋭い光り。話しぶりは論理的でありながら温厚な人間味がただよう。城戸《きど》三郎、ワシントンのロビイストとして隠然たる勢力の親米組織ＪＡＣＬ（Japanese American Citizens League＝日系アメリカ人市民同盟）会長である。来訪の主旨を意訳すると。

――ルーズヴェルト大統領は一世を帰化不能外国人、二世を敵性国民と規定し、強制収容した。彼らを囲むバーブド・ワイアー（鉄条網）はいわば国境線、その内側の人は全員日本人顔だから、外側の白人は「リトル日本」「リトル東京」などと揶揄《やゆ》する。それが米合衆国内の十か所に〃建国〃されている。総人口は十二万人余（南米各国から収容された総計）。その一つ、ユタ州のトパーズ強制収容所に女の子が泣きわめいていた。

「ママ、わたしニッポン、いや！　はやくアメリカのお家にかえりたい！」

療養中の太郎と友。戦死から逃れえた3人に喜びの表情はない（撮影地不明）

「ママ、わたしニッポン、いや!　はやくアメリカのお家に　かえりたい!」（『スミレのせんそう』から。下嶋哲朗・ヘンリー杉本共著）杉本はアーカンソー州のジェローム強制収容所でシーツをキャンバスに膨大な記録画を残した

名状しがたいアイロニーだが、第二幕は矛盾劇である。タイトルは二世の「忠誠テスト」。アメリカ合衆国の戦闘任務に就くか。アメリカ合衆国に忠誠を誓い天皇への忠誠を拒否するか。この二問の賛同者は「イエス・イエス組」といい、拒否者は「ノー・ノー組」と称される。そもそもアメリカ国民の二世を敵性国民と規定し強制収容して、忠誠テストはなかろう。若いノー・ノー・ボーイズ、ノー・ノー・ガールズは日系人社会のこれからを背負う世代。そのかれらが反動もあろう、「日本勝った組」を結成、日の丸の鉢巻をして反米をデモっている。扇動者は一世、白昼日本刀をふりかざして示威行進し、親米派イエス・イエス組を暴行し、武装米兵と一触即発状態にある——。

「そこであなたの役目ですが」と決めつける城戸。

「ノー・ノー・ボーイズ、ガールズの騒乱を収束させることです」

「…………」

　黙考する太郎。城戸は沈黙を拒否と受けとめたか、ハワイにおける太郎の活躍を箇条書きのように並べあげて、「私はあなたが優れたリーダーであり、雄弁家だということも承知です。この仕事はあなたにしかできない！」と断じた。やはり沈黙の太郎にこういっている。

「終局、あなたの戦争は、日本系を差別するそのアメリカに資する戦いでした。あなたは矛盾に葛藤したはず。その『あなたの戦争』の事実を、ノー・ノー・ボーイズに語っていただきたい」

「事実、ですって？」

「そうです。事実です！　事実です！」

「事実！」

〈臨終の際まで僕はいました〔……〕あれが聞こえないのですか？「地獄、地獄だ！」〉（『闇の奥』一九〇二年刊。著者のジョゼフ・コンラッドは現ウクライナ生まれ。父はポーランドの対ロシア独立運動指導者、十一月革命で所領没収、家族でロシアに流刑された）

　地獄の体験――事実が、地獄を体験しないものに、「あれが聞こえないのですか？」とつめよるのだ。太郎は事実を〈思いだすまい……、獨《ひと》り恐ろしくするだけだ〉と逃避した、と自覚した。するとはっきり聞こえてきた。太郎の中の戦死者があいつぎ発言しはじめたのだ。

――古川侃が鉄兜《かぶと》にユニフォーム姿で現れた。戦争に荒れた喉で太郎への思いやりをどなった。

「中村みてえに帰ってくるんじゃねえぞお！」と。敬礼はなかった。

――セーセル中尉が現れた。日本系兵には不似合いなアメリカのユニフォームだが、彫りの深い大きな白人に似合っていた。慨嘆していった。

「じぶんはドイツ系のために母なる国に銃を向けるのだ！」と。敬礼はなかった。

――ハロルド東が現れた。あいかわらず痛憤していった。

「人類はじぶんたちの手で退歩に進みつつある」と。やはり敬礼はなかった。

――そして賀川保生が現れた。気が遠くなるような希望をいい切った。

「いつか、数十年後か、百年後か、僕らの死は子孫によって何倍にも報われる、僕はこれを信じる」と。そして深々と敬礼したのである、未来に向かって。

賀川の敬礼相手、未来は「第三者」――このわれわれである。

〈見た以上、知った以上、沈黙してはならない。それはそれは事実を無かったことにすることである。死者の冒瀆《ぼうとく》である〉

太郎は決めたら即実行の人。その日のうちに退院、出発している。傷の全治にまだ時を必要とする体で。このとき一九四四年八月十四日（アメリカ時間）。那覇《なは》大空襲まで二月、日本大敗北の一年前。

生《いのち》は宝《たから》

太郎の講演旅程は手垢《てあか》の染みた旅日記に、じつに詳細に記録されていた。強制収容所は十か所、加えて確信的反米主義者の「隔離所」は二十三余。そして内陸部も四十州に点在する日本人町（通称リトル東京）をめぐった総距離は、じつに三万七千キロ、ほぼ地球一周に達している。四十五日間の予定は四倍にのびて百八十日間。いまだ負傷は癒えぬ体でしかも自費の貧乏旅行である。

行く先々で三百人から二千人もの聴衆を集めているが、講演草稿は何もない。ある強制収容所所長の「講演内容を知らせよ」との通告に「滞在先のホテルで徹夜で書いた」というくらいだから、当意即妙だっただろうが、講演の主題は各強制収容所発行の新聞、各地方紙の記事、旅日記などからつかめる。一言も戦争しにゆけとも、行くなともいわなかった。いったことは、戦死の平等と不平等、安全地帯の老人どもが唱える大義批判――サボタージュと取られかねないけれど、太郎の覚悟、開き直りが光っている。

「もしそれで逮捕するならしろ、逮捕はもう馴れている」

講演の口調には張りがあり、内容は起伏に富み、会場は熱気をおびて三時間を越えた、との記録がある。ディベートを重視した様子もわかる。かれは議論を逆説的にしかける。

――諸君。強制収容所は天国だ、なにしろ働かずに食える！（爆笑）。ゆえにきみらは自由だ！即座に炎上。

反論者1――なに、自由だと？　バーブド・ワイアー（鉄条網）が見えないか？　ウオッチ・タワー（監視塔）の機関銃が見えないか？

反論者2――日本人は存在自体が罪なんだ。

反論者3――良いジャップは死んだジャップだけだって。

反論者4――ジャップ・ハンティング・ライセンスも売ってるぜ、そこらの雑貨屋で。

反論者5――ジャップは日本へ帰れ、とツバ吐かれたこと、あるか！

総反発だが、実際によく知られた白人の、ゴールドラッシュ時代に生まれた者らの子孫による反日本人移民政治団体〝Native Sons of the Golden West〟（黄金期西部の息子たち、とでも訳すか。現在も活動している）ら多数の反日・嫌日の団体、政治家、実業家、マスコミ、そして付和雷同する大衆が威力をふるっていた。

太郎の回答はつぎのようである。

――きみらは歴史だ、世界史だ。きみらは激動の世界の真っ直中にあって価値ある遺産《レガシー》だ。その自分を書け。バーブド・ワイアーはガラスの鎖国だ、いずれ開国する。後世はいつかかならず、君らの歴史を何十倍もの明かりとし、きみら自身を照らすだろう。

講演中の太郎（カリフォルニア州マンザナー収容所）

日本系の二世はたとえ大学出でも仕事はフ

ルーツスタンドかクリーニング屋ときまったようなものだった。皮肉だが、強制収容はもてる才能発揮の機会ともなったのである。ここでは時間はじぶんのものだ。実際、収容者による文芸や絵画が膨大に残されている。その発する光は現在、アメリカの教訓的文化遺産として評価保護されている。それらがコロナ下におけるアジア系差別に対する教訓として生かされたことは、まだ記憶にあたらしい。

太郎の講演は「タケシーッ！　タケシーッ！　おいでェー、母に帰っておいでェー」あのむき出しの母の愛で終えている。太郎が語ったことは結局一つ。生命＝生きよと命ずること――〝生《ぬ》ちどぅ宝《たから》〟であった。

＊

「この記事と写真は、あなたのことではありませんか？」

砂漠の中を次の地へと移動する列車の中で、ある白人紳士が太郎の講演を報じた地方紙を示し、話しかけてきた。「はい」と答えると。

「私はアメリカに今なお人種偏見者がいることを悲しみますが、あなた方日本系市民のように、奉じてしかる後求めよ、と考える兵士がいて、本当の合衆国が建設される、二十世紀の困難を超えられると思います」といった。

白人のマジョリティは日本系人を排斥しヘイトし唾を吐きかける。だがその連中を恐れず、しかもおだやかに批判するものがいる国、アメリカ合衆国。公平なる人間のいる国の奥は深い。太郎は民主主義を愛するアメリカ（人）の一員であることに、初めて、誇りをもてている。

そのときである。祖先は奴隷身分だっただろう、黒人の給仕《ウエイター》がコーヒーを運んできた。頼んでないが、といぶかった。

「私のおごりです」と給仕。

太郎の沖縄的に濃い顔はゆるんだことだろう。前にも一度ここにいたような気がしたのだ。

〈ふと気がついたとき列車は砂漠の中ではなく、草原の美しい河に沿い走っていた〉

偏見と公平

おなじ日の深夜。太郎は西海岸北部オレゴン州オンタリオへの乗換駅ペンドルトンに着いた。かれは農民である。講演行の道すがら、その眼差しは自然に農園、農民へと詳細に向いている。オンタリオ奥地は四千人もの日本人が「太平洋沿岸立退き命令」で移住し、農業をするところ。太郎の記録には次のようにあった。

〈作物はポテト、オニオン、豆、チサ。中でもシュガービーツは主要産業だ。形はハワイのビーツに似るが、色は白人参。なめると若いビーツは苦いが、収穫期が近づくにつれ甘くなる。昨年の収穫は一エーカー一九トン四分の三。糖分量平均一四・九％（良好品は一六・八％）〉

日本人農民が土地の白人たちにどのような目で見られているかも書いていた。

〈日本人はすばらしい。彼らはこの地方に移り住むと直ちに農業を一変させてしまった。収穫は以前より一倍半から二倍になった〉

飛躍的な収穫増に、敵国に貢献と目くじらを立てる、やっかいな日本人もけっこういたようだが、土地の白人の方は〝全力的な農民〟として、公平に高く評価している。太郎はその感激を美しく描写する。

〈邦人農家の何《いず》れの庭にも花園が、そこには珍しい花々がまるで花屋のように美しく咲き誇っている。日本人はここに安心できるから、よく働くのだ〉

アメリカ西海岸一帯の全日本系人九万三千七百十七人の多くは農民だから、その一括所払い――強制収容所送りは農産物の不足をきたして高騰、経済活動は停滞し、ことに日本人系の多いカリフォルニア州は他州にグンと差をつけられることになる。その実情を著名なジャーナリスト、ケアリー・マックウィリアムスがいまだ太平洋戦争下にあるとき、つぎのように記録していた。マックウィリアムスは執筆当時カリフォルニア州政府の委員であり、のちに「ネイション」誌の編集主幹もつとめた。

〈日本人の追放は、消費者に関する限りはこの上なく不幸な結果を与えたとはっきり云える。ロサンゼルスの生産物卸売市場に無秩序な状態をつくりだした。卸業者は卸値に五〇から四五〇％の利幅を上積みし、消費者は地獄へ墜落した。金満家はさらに金満になり、その災いは弱者が背負わされてやせ細った。そしてその弱者が、日本人差別と偏見の温床であった〉（『アメリカの人種的偏見』）

日陰にひそむ弱者である人種偏見者は、さらに弱者の生き血を吸うドラキュラである。

太郎は差別される日本人の、陰暗な差別内差別に強烈なショックを受けている。

「二つの前線で2度負傷した日本系兵は寛容の真の精神を手に入れた」(ヒロトリビューン)

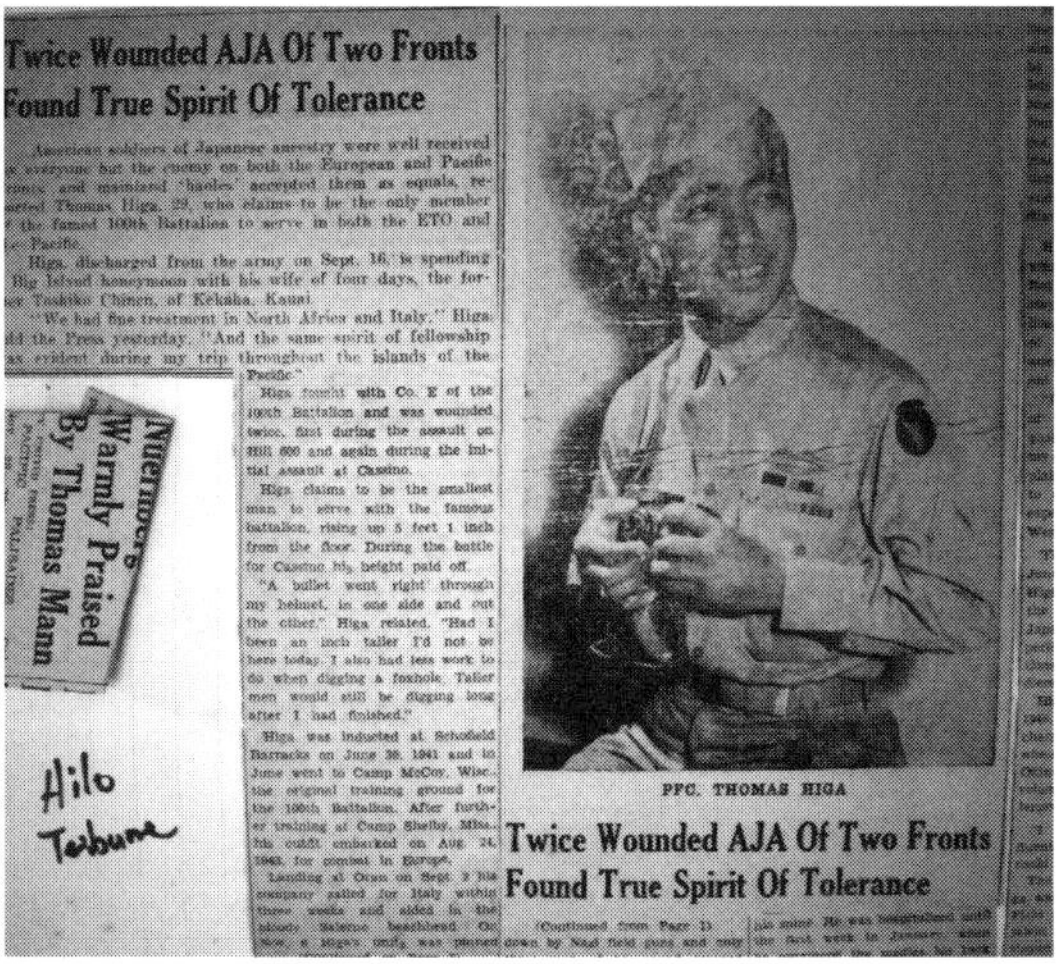

Twice Wounded AJA Of Two Fronts Found True Spirit Of Tolerance

American soldiers of Japanese ancestry were well received by everyone but the enemy on both the European and Pacific fronts, and mainland "haoles" accepted them as equals, reported Thomas Higa, 29, who claims to be the only member of the famed 100th Battalion to serve in both the ETO and the Pacific.

Higa, discharged from the army on Sept. 16, is spending a Big Island honeymoon with his wife of four days, the former Tsukiko Chinen, of Kekaha, Kauai.

"We had fine treatment in North Africa and Italy," Higa told the Press yesterday. "And the same spirit of fellowship was evident during my trip throughout the islands of the Pacific."

Higa fought with Co. E of the 100th Battalion and was wounded twice, first during the assault on Hill 600 and again during the initial assault at Cassino.

Higa claims to be the smallest man to serve with the famous battalion, rising up 5 feet 1 inch from the floor. During the battle for Cassino his height paid off.

"A bullet went right through my helmet, in one side and out the other," Higa related. "Had I been an inch taller I'd not be here today. I also had less work to do when digging a foxhole. Taller men would still be digging long after I had finished."

Higa was inducted at Schofield Barracks on June 30, 1941 and in June went to Camp McCoy, Wisc., the original training ground for the 100th Battalion. After further training at Camp Shelby, Miss., his outfit embarked on Aug. 21, 1943, for combat in Europe.

Landing at Oran on Sept. 2 his company sailed for Italy within three weeks and aided in the ... Salerno beachhead. ...

Nuernberg Warmly Praised By Thomas Mann

PFC. THOMAS HIGA

Twice Wounded AJA Of Two Fronts Found True Spirit Of Tolerance

Hilo Tribune

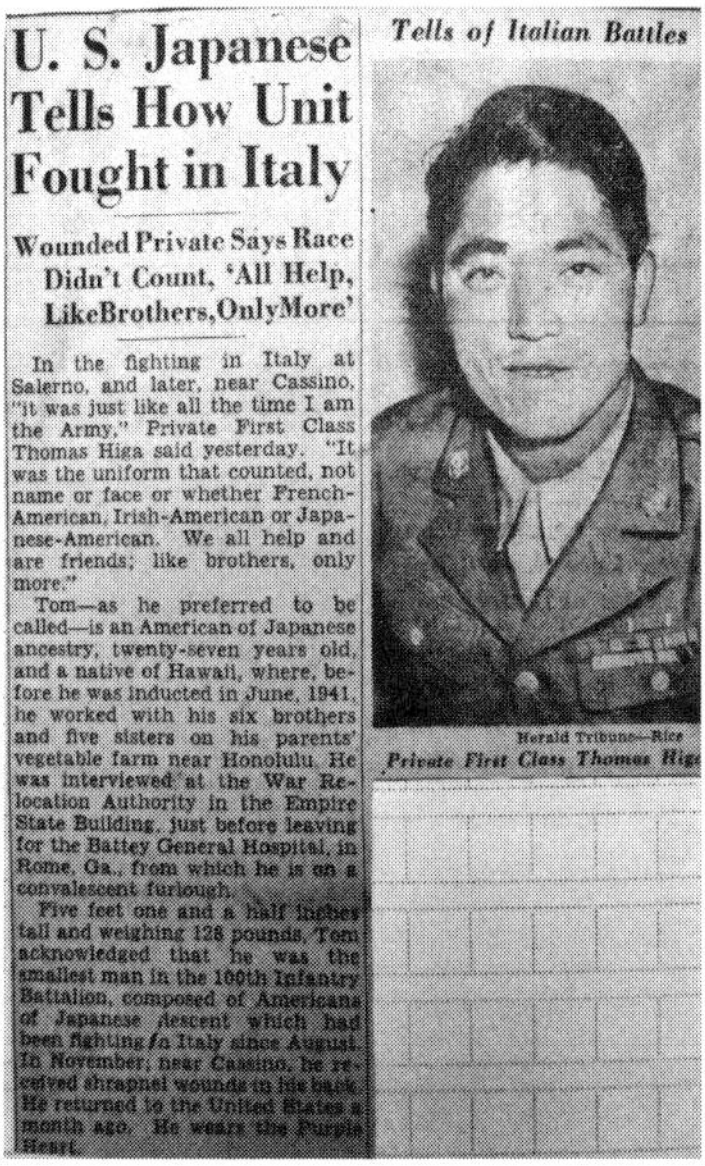

U. S. Japanese Tells How Unit Fought in Italy

Wounded Private Says Race Didn't Count, 'All Help, Like Brothers, Only More'

In the fighting in Italy at Salerno, and later, near Cassino, "it was just like all the time I am the Army," Private First Class Thomas Higa said yesterday. "It was the uniform that counted, not name or face or whether French-American, Irish-American or Japanese-American. We all help and are friends; like brothers, only more."

Tom—as he preferred to be called—is an American of Japanese ancestry, twenty-seven years old, and a native of Hawaii, where, before he was inducted in June, 1941, he worked with his six brothers and five sisters on his parents' vegetable farm near Honolulu. He was interviewed at the War Relocation Authority in the Empire State Building, just before leaving for the Battey General Hospital, in Rome, Ga., from which he is on a convalescent furlough.

Five feet one and a half inches tall and weighing 128 pounds, Tom acknowledged that he was the smallest man in the 100th Infantry Battalion, composed of Americans of Japanese descent which had been fighting in Italy since August. In November, near Cassino, he received shrapnel wounds in his back. He returned to the United States a month ago. He wears the Purple Heart.

Tells of Italian Battles

Herald Tribune—Rice

Private First Class Thomas Higa

列車で見た地方紙。「日本系人部隊はイタリアでどう戦ったのか、U.S. ジャパニーズ語る」「負傷した一等兵は言う。“人種は関係ない。全て助ける。兄弟のように、それ以上だ”」

「二世兵、超小型潜水艦の捕獲に役立つ」との見出し。二世兵はもちろん比嘉太郎。この見せものにされた特殊潜航艇(特攻魚雷艇)に捕虜第1号酒巻和男が乗り組んでいた

〈……しかし頑固な邦人が少なくはなかった。その最たるものは、日本人は日本人だ、決して他人種に混じってはならぬと。その頑迷の者の娘が中国人と恋に落ち結婚、が親は許さず娘は自殺した。私がその家を訪ねたときは丁度初七日。親御さんは、娘の自決を「家系の誇りだ。これでご先祖様に顔向けができる、よく死んでくれた」と満足しておられた〉

明治以降の〝一系〟天皇の純潔民族教育——洗脳が、親をして娘の自死を喜ばせている。

ツールレーク

太郎がゆくところ、何かが起きる。そこは内陸部ネブラスカ州ノースプラットという田舎町だった。

〈それは大きなトレーラーで運ばれて、大陸巡展すること二十二か月四十四州、市と町は二千百二十か所にもおよび、日本兵捕虜の人形もあった〉

ハワイのあの特殊潜航艇とはちあわせたのである。ここで捕虜第一号の名はサカマキ・カズオと知ったわけだが、こんな奇遇をマスコミは放ってはおかない。太郎は時の人に祭り上げられている。それも「戦時公債売りの宣伝」というから「ナチとジャップの殲滅《せんめつ》」戦に一役買わされたわけでもある。

こんなふうな大陸講演行だが、一か所だけ拒絶されている。カリフォルニア州のツールレーク。そこは各強制収容所の反米主義者、ノー・ノー組（その多くは日本で教育を受けた帰米）を

ツールレーク隔離所内で発生したデモ行進。「ワッショイ!ワッショイ!」の掛け声から「ワッショイ組」とも言われる（Densho Dijital Archive）

ツールレーク隔離所における「日本勝った組」の大集会（(Densho Dijital Archive)）

集めた「隔離所」（segregation center）といい、監視の厳しさは格別である。人口は流動的だが一万三千五百名あまり。そのうち五千百名あまりが日本送還および国外追放者に分類されている（マックウィリアムス『アメリカの人種的偏見』）。ノー・ノー組は祖国の百戦百敗を信じぬばかりか、「日本勝った組」通称「勝ち組」を結成、住民を収容所当局およびガードの軍隊以上にコントロールし、反乱を誘引していた。

〈進軍ラッパがツールレークに鳴り響いた。四、五十名の青少年が坊主頭に鉢巻きをして「ワッショイ、ワッショイ」と走り回っていた。後に女子団が続いた。この狂信集団は報国青年団、報国女子青年団と言って、西本願寺教誨師《きょうかいし》、日本語学校教師が指揮。男子は坊主刈り、女子は三つ編みであった〉（Minoru Kiyota［清田実］『Beyond Loyalty』）

清田はツールレークにあって、勝ち組のテロに瀕死《ひんし》の重傷を負っている。戦後、東京大学、UCB＝カリフォルニア大学バークレー校に学んだ。筆者がお会いしたときはウィスコンシン大学教授（のち名誉教授）だった。

ツールレークは「リトル日本帝国」でしかも鎖国をしていた——収容所を囲むバーブド・ワイアーには両面性があったのである。USA側には敵性国民拘禁の柵だが、リトル日本帝国には国境線なのだ。その見える国境が〝一系〟天皇臣民団結の役割をしていた。しかも〝帝国臣民〟の優れた農業技術は農産物を〝国外〟に輸出するほど稼いだから、経済的に問題はない。有名デパートから毎月、分厚な商品カタログがくるから、最新ファッション、ゆりかごから棺桶までなんでも入手ができた。

「リトル日本帝国」――強制収容所側にとっては想定外の心理的発情であった。そこで国境線の撤去にとりかかるわけだが、リトル日本帝国側にとってそれは侵略行為にほかならない。まるで江戸幕府とペリーの艦隊だが頑強に抵抗、国境線を守り抜く。そればかりか日本敗戦による開国にも断固抵抗、しばし帝国を保持したのである。

帝国のデモ隊隊長は抜き身の日本刀をふり回している。そんな所で危険な日本の同盟国、ナチス・ドイツとの戦闘を語るなど、格好のテロ対象だろう、「だから」と所長のベストは太郎の講演を断った。つぎはベスト所長からの断り状。

〈アメリカ合衆国内務省戦時転住局 ツールレーキ・センター／一等兵 トーマス比嘉宛

比嘉殿 当センターにおける状況によれば、我々はあなたのためにいかなる講演を計画することも賢明とは思えません。しかしながら、もし貴殿がツールレーキの友人を訪ねたいのであれば、貴殿が軍服着用である限りにおいて許可されるでありましょう。我々は貴殿の当所に貢献しようとされる関心に対して感謝すると共に、状況が将来においてそうできるのであれば、この件について貴殿とふたたび協議可能となるでありましょう。 R・R・ベスト所長〉

受信日は一九四五年一月十五日。この時すでに南の絶対国防圏サイパン、テニアン、グアムは陥ちて、沖縄戦争まで三か月を切り、広島、長崎、ソ連の参戦、そして日本大敗北まできっかり七か月。こんな切羽つまったときに、ノー・ノー・ボーイズ、ガールズは日本勝ったと息まいていた。

先の清田は「騒乱の元凶はほかでもない、ベスト所長の官僚的無責任と無能力」だと事例をあげて糾弾している。たとえばある死亡事件が起きた。原因は収容所当局のミスだが徹底否認。抗議は激烈なデモに発展した。対してベストは戒厳令を発布、戦車六台が出動、重機関銃が威嚇射撃、死者を出す惨事となった。

ベストは右事件を部外秘密としたから、太郎は拒絶の理由がさっぱりわからない。そこで再度要請した。

〈じぶんのことはじぶんで責任を持ちます。じぶんは陸軍省、戦時転住局（強制収容当局）およびＪＡＣＬ公認の存在であります〉

ベスト所長の回答は「ノー」。これは最終通告だと。

ニッポン人差別集団

「荒城の月」が哀愁を漂わせていた。かと思えば昼間から一杯機嫌だろう、箸で茶碗をたたき、ストトンストトンと通わせてぇ、などと戯《ざ》れ歌ストトン節を大声で歌っている。

〈これには戦塵《せんじん》を潜《くぐ》ってきたさすがの私も、頭から冷や水をぶっかけられたような気持になった〉

コロラド州デンバー、ラリマー街に到着したときの写実である。日本人が多く、それだけに日本ヘイトが苛烈な町。

日本食堂で日本飯をかっこんでいると、男がカッカッと迫ってきてどっかと座ると、いきなり「ジョー・正岡、ＪＡＣＬデンバー事務所主事」と自己紹介。同時にいまだ戦傷の完治せぬ太郎

翁長家族と石嶺真徳、いまだ傷の癒えない太郎
(1944年コロラド州デンバー)

ヤング・O・キム少尉

の講演行の疲労を読みとったか、ねぎらった。〈それから語を改めて頼むのだった〉。

「もうご承知でしょう、ここデンバーでも人種的憎悪、反日系人運動は盛んです、それもかなり。極右団体に加えて、朝鮮系の団体もです」

日本は朝鮮を植民地にしている。反日運動は当然といえるが、太郎はある少尉に想いをはせていた。

〈一九四三年春。ウィスコンシンのキャンプ・マッコイに士官学校出の口数の少ないのっぽな将校が配属されてきた。ヤング・O・キム少尉、朝鮮系である。ここは日系人の部隊だから彼は困惑していた。日系兵も同様だった。数段下に見ている民族が上官！　何を仕返しされるか知れない〉

杞憂《きゆう》であった。かれはなんの隔てもない人間であった。〈彼の暖かな人間味が、上官というよりはむしろ同輩として親しめるようになった〉

「しかしそれは個人的体験でしょう」と正岡。「日本系人へイトの組織はあなたの想像以上です。強力で膨大で放置すると運動は全米に広がってしまう。近々強制収容所は閉鎖されるでしょう（すでに日本敗戦は決定的）。さすれば十二万人同胞は帰る場を失いディアスポラ、ユダヤ人のように」（実際そうなる）。ここで正岡は核心に入った。

「じつは今晩、連中の集会があります。阻止していただきたい」

ジャップヘイターのヒステリーを煽動する敵の真っ直中へ乗りこめ、危険を冒せというのだった。太郎は即座に承諾、ナチよりは安全だろうと。すると「ここでお待ちを」と正岡はそそくさと出てゆき、軍服姿のそれも負傷兵を六、七人引きつれて戻ってきた。

「オーッ！」

歓声が日本食堂にとどろいた。思もかけなかった再会、ハワイ時代からの親友、「な？」と脱走を持ちかけたあの石嶺真徳がいたのだ。彼は左腕を三角巾で吊っていた。

行くぞ！　いさましい出陣だが、ある者は松葉杖を、ある者は車椅子に、ある者は眼が撃ち抜かれて顔半分が包帯に巻かれている。彼らの胸には戦功記章やら名誉戦傷章やらがぶらさがっている。

〈私たち負傷兵は、日系人ヘイトの講演者からよく見える、最前列に席を占めるべく、松葉杖の二人を先頭に一列縦隊になって通路を進んだ〉

これには連中、眼を剥いた。総員いっせいに中腰に。「集団リンチか！　さあ来い！」。身構えたそのときなんと、拍手が起きた。

〈その数はしだいに増えていって、びっくりするような大喝采になり、私たちが席に着くまでつ

マンザナー収容所（ドロシア・ラング撮影／米国立公文書館）

マンザナー収容所のジャガイモ畑。日本人移民のみごとな農業力

づいた。虚を突かれた排日分子はあわてふためいた〉
彼らはジャップではなく、アメリカ市民として迎えられたのである。
日本へイト集会は各地に絶えまなく開かれたから、新たな情報がつぎつぎ入ってくる。ある集会では負傷兵が壇上でマイクの奪いあいを演じ、別の集会ではこんなことが起きている。
大男の白人がすっくと立ち上がった。太郎は身がまえた。大男はぐいと、太い腕をつきだした。握手をもとめたのである。大男は呼び止める司会者をふり返りもせずに去っていった。

豚の海わたり

一九四四年十月十日（アメリカ時間）。太郎は地球一周に等しい講演行脚もいよいよ最終の地、カリフォルニア州のマンザナー強制収容所に到着。そこに沖縄の自然神が、衝撃的情報と新しい使命を準備して待ちかまえていた。

〈聴衆の中に、珍しいことではないが白人の女性がいた〉。どこの強制収容所にも白人宣教師がいた。かれら神の使者たちは長年沖縄に、日本に暮らしていたが日米戦争に余儀なく帰国。「敵性国民」を援助しているのだった。講演が終わるとその女性は握手を求めてきて、流暢《りゅうちょう》な日本語で話しかけてきた。

「あなたは沖縄の人でしょう？」

おどろく太郎にアゼリア・ピートと自己紹介。「美以《メソジスト》教会の宣教師として、読谷山《ゆんたんざ》（現読谷村《よみたんそん》）

を中心に三十年ばかり日本におりました」と、ヤマトことばでいうと一転、ウチナーことばに変えて沖縄を懐かしみ、太郎にたずねるのだった。

「読谷山の人で、メソジスト派の比嘉メリーさん（牧師であり人権活動家として知られる）を知らないでしょうか」。とても心配な様子には理由があった。

「ごぞんじでしょうか？　那覇《なは》と読谷山は爆撃で潰滅しました。昨日のことです」

いわゆる十・十空襲（一九四四年十月十日の沖縄大空襲）である。太郎はその爆撃も、メリーさんも知らなかった。

ショックを受けた太郎にピートは「ぜひ会ってほしい人がいます」と、ハーバート・ニコルソン牧師を紹介。

ニコルソンは日米開戦直前までの三十年、日本で布教していた。かの地の事情は移民一世よりもはるかに新しくかつ詳しかった。日本の貧困は開戦前から相当ひどかった。彼は「いまや敗戦は時間の問題だが、つぎの日本人の敵は、大飢餓となるだろう」というのだった。

その救済対策として（日米いまだ死闘のとき）にっぽんの子へ乳山羊二百頭を贈る「ハイファー・プロジェクト」なる活動を始動、ニコルソン牧師はその責任者であった。ピートと太郎は贈与先の変更を要請した。

「いま、救援を必要としているのは、沖縄です」

二人の強い要請に、これで沖縄に変更となった。ヤマト人をこよなく愛するというニコルソンは一時はがっかりしたのだが、山羊を配る沖縄の先々で沖縄地上戦争の惨状をつぶさに見聞して、いう。

〈私はどこでも、集まった人たちに、皆さんを苦しめるようなことをした私たちアメリカ人を許して欲しい〉（H・ニコルソン『やぎのおじさん行状記』）

勝者の尊大な同情ではない、感動したのである。――戦争の火風《ピーカジ》に焼きつくされた荒野の沖縄人はまるでおとぎ話のように生きている。競争しない、少ないものを「おお、おお、もってけェ」と分けあっている。そのかれらは米軍の残飯を食っている、着衣は泥にまみれている、ボタンは千切れている。何もない、一本の鉛筆もない。だが子らは地面をノートに、指を鉛筆に、希望を学んでいる。イタリアで太郎が目撃した「同胞相食《は》む野獣と化す」のが人間動物。けれども人間は動物にはおよそできないこともする。沖縄人はそのできないことをしている。そのような沖縄人を苦しめた私たちアメリカ人を、どうか許してほしい、というのだった。

ニコルソンは一転、沖縄に惚れこんだ。それがゆく先々の集会に臨む気持ちに読み取れる。

〈私は山羊そのものより、山羊のメッセージの方がたいせつだと考えました〉

牧師とウチナー人、お互いの魂はひびきあったに違いない。

その後、牧師は念願の日本・ヤマトへ山羊を運んでいる。戦争飢餓地獄の中で生《いのち》の泉を飲んだ子らは、ニコルソン牧師を「やぎのおじさん」と親しみ、教科書も取りあげたというが、大きくなったその子らは牧師の魂《メッセージ》よりも肉を選んだ。やがて経済戦士〝猛烈社員〟になった。

ところでニコルソンは山羊を「子どもたちへ」といっている。どうやって子どもたちへ届けたのだろう。筆者は実際に山羊を受け取った子の話が聞けた。当時本部《もとぶ》の小学生で、のちに大学教

ヤギ輸送船フライング・スカッド号で

太郎の忘れ得ぬ人、晩年のニコルソン牧師を訪ねて

「日本へヤギを」と集まった人々。強制収容された者たちか。後列右から二人目がニコルソン牧師

授の我部《がべ》政男（現山梨学院大学名誉教授）さんである。

「山羊は乳山羊で、各学校に配られたんだ。まっ白で角がない。紙を食うんだよ、めずらしい山羊だった」

沖縄の自然神は、山羊の海わたりに触発されたに違いない、太郎に新しい使命を課した。

「沖縄へ豚を！」

ウチナー人ならだれでも知っている――ハワイから贈られた五百五十頭の豚――のエピソードはここから始まっている。

――海をわたって沖縄に贈られた豚は、戦火にまみれたウチナー人の生活を劇的に向上させている。その発端が、ニコルソン牧師と太郎の出逢いなのであった。筆者は一九八三年から八六年までの調査で『豚と沖縄独立』を著した（一九九七年、未來社）。しかし当時の調査では、物語の発端までたどりつけず、筆者にとって長いあいだの心残りだった。それが比嘉トーマス太郎の評伝を書くいま、ニコルソン牧師に行き着き、太郎に行き着いたのである。〝豚の海わたり〟については、後の章でふたたび触れる。

ただここで記しておきたいことがある。〝豚の海わたり〟が始まりの舞台は「数十年後か、百年後か、僕らの死は子孫によって何十倍にも報われる」とじつに気の遠くなるような希望に身を投じた賀川保生、かれの家族が収容される日本人・日系人の強制収容所「マンザナー」であったことを。

＊

一九四四年十二月十二日。太郎は長い講演行のケジメを、かつての百大隊訓練基地、キャンプ・マッコイを訪れることでつけていた。「百大隊のボーイか?」と声をかけてきた白人兵の案内におどろいている。キャンプは捕虜収容所に変わり、捕虜はジャップ兵二千名という。その中に、この六月から九月までに六、七千余名もの集団自決者をだし、兵は総員玉砕したはずのサイパン、テニアン両島の日本兵捕虜が多数いたのである。その一人に太郎は興味深いインタビューをしている。

「精神的につらいことはありませんか?」

「我々は戦争捕虜です。ご想像下さい」——一億の日本国民は東条英機に命じられたのだった。〈常に郷党《きょうとう》家門の面目を思ひ……生きて虜囚《りょしゅう》の辱《はずかし》めを受けず、死して罪禍の汚名を残すこと勿《なか》れ〉(陸軍大臣・東条英機の示達戦陣訓)。この命を膨大な数の民間人は忠実に人種的自殺・集団自決に実行したのだった。サイパン島、そして五キロはなれたテニアン島は屍に覆われ、死臭を放っていたといわれる。というのに兵たちはのうのうと捕虜になっている。真っ赤な生き恥を、それも日本系のアメリカ兵に晒しているのだった。そして、——この苦衷を察せよという。

「国元に手紙を出しますか?」。即座に捕虜は、「いいえ」と否定。

「我々はあらゆる覚悟をして、ここにきたのだから、出しません」

覚悟とは何か? 遅れた自決か? でも生きている、捕虜になっている。ほんとうは生きたいのだ。かの『葉隠《はがくれ》』は、切腹は武士道の鏡、大和魂というが、その本心を吐露してもいる——「本当は生きたいのである」と。敗者には学ぶべき人間の本質がある。のちに太郎は集団自決とは何か、この研究をすることになる。

　太郎は重ねて捕虜にきいた。

「日本へ帰りたいですか？」。これも即座に一蹴、「帰りたくない！」太郎はただ一言。

〈心情哀れなり〉

　ここでも偶然は起きた。捕虜名簿にハワイの第一号捕虜、サカマキの名があった。けれども太郎は苦衷を察したか〈面会はしなかった〉。酒巻氏はぶじ日本に生還したが、世間・郷党をおもんぱかる妻にその生還を戸惑われている。（『酒巻和男の手記・真珠湾奇襲攻撃捕虜第一号』）

6　沖縄戦争

帰還

「タロー、オーッ！」

裸足の老婆は、胸にむしゃぶりつくなり「あ、あ、ああーっ！」とあたりかまわず泣いた。

「お母さん。ただいまもどりました。たいへん遅くなりました！」

家を出て四年。日本兵とちがい、みんなによろこばれての生還であった。その眼にパパイヤのたわわな実が映った。〈あなたの畑にパパヤーをうえました。そうすれば、あなたが帰った時のこずかいになるかと思ってです〉。と戦場に書いた母だった。「パパヤーが実るとき、息子は生還する」。そう沖縄の自然神に託したというのだった。一九四五年二月。沖縄地上戦争まであと二か月足らずである。

＊

ともに帰還の兵たちはそのままスコフィールド兵舎へ移動、沖縄上陸戦に投入される模様である。太郎といえば除隊が間近なしかも負傷兵、ひとり取りのこされて淋しがっている。

沖縄。――

一九四五年四月一日、日曜日。晴れ。読谷村《よみたんさん》の青い海に長い灰色の壁ができていた。空母十一、戦艦十、巡洋艦九、駆逐艦二十三、砲艦百七十七の米大艦隊である。

午前五時三十分、一斉砲撃開始。わずか数時間におよそ十万発の砲弾が密度にすると九メートル四方に二・五発撃ちこまれた。八時三十分丁度、海兵第四連隊六万もの鬼畜米英（と日本人は教育され信じていた）が上陸。戦車、重機関銃、火炎放射器とともに津波のように村を過ぎて去った。友軍は住民を置きざりに南部へ〝移動〟して無防備の村であった。そうとは知らず、激戦覚悟で上陸の米兵は〈まるでピクニック気分のようなものだった〉。（伊江島で戦死した名記者アーニー・パイルの著『沖縄戦記』）。

しかし村民は――

四月二日、朝、九時半頃。上陸地点、読谷村のチビチリガマ（鍾乳洞の名）の暗黒では村民が集団自決を実行、八十四人もの村民が果てた。（下嶋哲朗『チビチリガマの集団自決』）

「お母さん、鬼畜米英に犯されて殺されるよりは、清いうちにお母さんの手で」

と母に包丁で首を切られて、上地《うえち》春は十八歳の生《いのち》を絶った。

「男は鬼畜にマタザキに、子どもは焼いて喰われる、それよりは」と集団で自決した、わが子を殺《あや》めたのだ。

集団自決とは人種的自殺――「世界に例を見ない日本人特有の死の形」であると筆者は定義している。

日本の戦争の本質は、集団自決である。

考えてもみよ。じぶんの生《いのち》をそまつにする者は、他人《ひち》の生《いのち》をもっとそまつにあつかうに違いない。

四月一日。米軍の沖縄上陸のこのとき、太郎はハワイにあって「ヨーロッパ戦線における戦災民の惨状報告」にかけ回っている。そのつど数百人も集まったという。ある町での講演のとき、生々しい戦争の肌触り――事実に、

〈どさり、と婦人が音を立てて卒倒した〉

その女性はなんと、四年前「タケシーッ！　タケシーッ！　死んじゃならねえどぉ！」と狂乱的に叫んだあの人、新垣健の母親だった。

講演の目的は沖縄救援、その世論喚起である。

一九四五年四月四日――新聞はアメリカ軍の沖縄本島分断と中城村《なかぐすくそん》（太郎父母の故郷）到達を報じた。

情報は太郎の沖縄行きをせっつくが軍はこれを許可しない。しかも除隊まであと四か月、民間人は戦闘の地へ行けない。太郎はあせっているがようやく。

四月十四日――飛行便の手続きをした。

出発にそなえてヒッカム飛行場（空軍基地）へ移動。翌日はカハルウの家族のもとへ別れを告げに帰っている。

「また戦争いくかァ！」

怒ったように泣きつく母。

〈泉水口《せんすいこう》に立ち寄り沖縄の自然神に、人類のために役立つ様に、為になるような人間に成してくださいと御願《うがん》〉

その足でホノルルの親友安里《あさと》貞雄（宜野座出身）の保険事務所へ直行。彼は講演に沖縄救援の準備に多忙な太郎に「カハルウの田舎にいたんじゃ仕事になるまい」とデスクを提供してくれている。その安里もじぶんの商売そっちのけで沖縄救援運動に献身している。

四月十九日――いよいよ午後十時に出発となった。サイパン、グアム経由である。

この日。太郎の壮行会で邦字紙記者豊平良金《りょうきん》（兄の良顕《りょうけん》は沖縄タイムス社創立メンバー、後社長）はぶった。

「比嘉君の講演にあったように、沖縄民衆もイタリアの戦争難民のさま、悲惨を極めているだろうことは明らかだ」

「デージー《たいへん》！」とデンバー・グリルの経営者真喜志康輝《まきしこうき》。

「だいじょうぶだ。ハワイには二万のウチナーンチュがひかえている」ときっぱり豊原。

「救済物資はさっそく我らが募る」と安里は力強くうけおい、「比嘉さんは沖縄に受け入れ体制を整えて欲しい」と要請。

〈満場一致。沖縄救援運動に四十人の発起人、誰一人として反対者はいなかった〉

太郎はこのメンバー名を書きもらしたことを後に残念がっている。

「沖縄救援運動」は、太郎がマンザナー強制収容所で思いついた一粒の種子であった。それがいま四十になった。四十の花は鳳仙花《ティンサグ》の花、種子ははじけてハワイ二万のウチナー人へ、二万がはじけて全ハワイへ、北米へ、ラテン・アメリカへ、世界へと、つぎつぎ善意の花を咲かせてゆくことになる。これはその記憶するべき「満場一致」の一瞬、沖縄史に刻まれて然るべき一瞬なのだ。

同日午後八時。太郎は安里と真喜志に送られ、ヒッカム飛行場内の兵舎に戻った。十時出発が翌早朝に変更となり、たちまち深い眠りにおちた。が、送り届けた二人はさあ大変、出口を見失った。大きく第五列、内通者の意味らしい「V」と記す身分証所持を義務づけられた敵性国民が、基地内をしかも夜間に右往左往すればとっつかまって当然、拘束された。さんざんの尋問、ようやく解放されたが夜間外出禁止時間をすぎていたから、今度は検問に引っかかった。またもやさんざんな目にあう。だがそのとき太郎は大いにはりきっていた。

〈朝まだき、いよいよホノルルを後にした〉

*

四月二十日。サイパン島着。――まっすぐ孤児収容所へ行った。

日米激戦の島だ。孤児の多さに、それも沖縄の子の多さにおどろいているが、島の主産業サトウキビの労働者の三割がウチナー人だった、当然といっていい。

〈一日二食、教育も受けられず草野球に夢中な孤児の群れ〉にイタリアの少年がダブり、そこに小学校三年までのじぶんを重ねていう。

〈此《こ》の親を亡くした子らの深い悲しみは、天才は、どうなるか〉

日本人民間人収容所にはのちの人権弁護士・衆議院議員となる照屋寛徳《てるやかんとく》坊は母の胎内に、琉球大学教授となる仲程昌徳《なかほどまさのり》坊やたち、優れた子がたくさんいた。

太郎はすぐさま安里貞雄に書いた。

〈此の幼児たちを米国に送り、教育を受けさせたなら必ずや太平洋の津梁《しんりょう》（架け橋）となる〉。

太郎の予言は紆余《うよ》曲折を経て実現する。

四月二十五日。――サイパン島からグアムを経由して午前九時半嘉手納飛行場着。

激烈な火風に沖縄の肌はケロイドにただれ、むき出しの白い骨たちは異様な静寂を支配する。

そこへ突如、日の丸機の襲撃。あやうく逃れた太郎の横の兵は〈即死〉とある。

五月の沖縄は梅雨である。長雨と弾雨に道は泥沼化しジープは沈み、戦車に牽引されての収容所巡りとなった。その眼差しはどうしても孤児にむかっている。

七日火曜日。――軍高官S・チャールズに面会、孤児の米留学を提言した。「戦争という不幸を体験した子は世界平和の架け橋になる。それにはアメリカの近代市民教育、民主主義教育が有効不可欠です」

これに高官は直截《ちょくさい》に応じている。

「我々軍人の使命はジャップをたたき潰すことだ。そいつは政治家連中のお仕事だ」

＊

五月五日土曜日。太郎はこの日初めて、中城村字島袋《なかぐすくそんあざしまぶく》（現北中城村）へ入った。まず向かったところは、
〈……幼き時相撲して負けて泣いた想ひ出の運動場、恩師の諭《さと》し。あゝ、母校喜舎場《きしゃば》尋常高等小学校よ〉（現北中城村小学校）

太郎は約束の地に帰ってきたのだ。学舎は戦禍を大きく被ってはいたが、嵐は強い樹《き》を育てる。あのガジュマルの樹はさらに巨《おお》きくなっていた。樹陰に戦禍につかれた村人を安ませていた。太郎は息をのんだ。

「先生！　生きてふたたびお会いできるとは！」

恩師（喜納昌盛）は老い、少年はいまや男ざかりの二十九歳。やがて感激も収まり何やら背中が熱い。ふとふりかえれば、太陽《ていーだ》がまぶしく輝いていた！　六年前の島袋訪問時に太郎はいったものだった。「僕は今日になって、心から恋心をおぼえた女性の名を知った。僕の真の恋人だ」。そして島を去る日〈おー　淋しい　なんと淋しい、しかし亦《また》奮起す！　僕は将来必ず故郷字島袋の為に尽くす。使命は大なるべし〉。

約束の地、恋人、それも六年ぶりの邂逅《かいこう》、背景は激戦の沖縄、さあ舞台は整った！　クライマックス。が、彼女は結婚していた。やっぱりというか、また失恋である。相手は太郎の知る人、老人というにはまだ早いかといった年齢。〈しかしそれは時勢の仕業だ〉と太郎。戦争が若者を片端から土くれにしているのだった。

六月三日、日曜日。朝。――狙撃された。

日本兵の捕虜収容所の襲撃だが、何てことをするのか、ターゲットは敵でもなく味方でもない、第三の日本人〝自決しない恥ずべき捕虜〟であった。一人は即死。

〈撃たれた二人のうち一名は息があり語る〉

〈山崎重雄二十九歳曹長。愛知県ハズ（幡豆）郡。母に何か伝えることはときくと、この有様を

伝えてくれ、と言った。午後二時死去。彼は満州から転戦、去る八月沖縄に来たとのこと〉
律儀な太郎のことだ、非業の死を伝えただろう。だが日本軍部は「沖縄方面において名誉の戦死」とか公報したに相違ない。それゆえ思うのだ。虚言がふつうの日本の母は、たった一つの「真実」にどんな反応をしたのだろうか……。

少女と石垣

太陽は泥濘《でいねい》を干しあげた。ジープが一台、黄塵《こうじん》をふき上げデングリかえらんばかりに跳ね走ってくる。太郎だ。

〈浦添村からは激戦の跡が至る所に見受けられる。戦車の残骸、木が二、三本ありとはいえ完全に立っている木、無シ〉

行く先々はどこもかしこも、跡。日米五千人以上が戦傷死、凄惨を極めた戦場シュガーローフ・ヒル（現那覇新都心の一角・元慶良間《けらま》チージ）を抜け、安里《あさと》（那覇《なは》）の焼け野原をやり過し、しばらく行って急な曲がりくねった坂道を上ると、あるべき守礼門も首里城もない。意外だが、太郎にその焼失を惜しんだふうは見られない。思うに、首里城は王家のぬけ殻、おぼろの琉球、その象徴にすぎない。大叔父喜納昌松《きなしょうまつ》らの民権運動、つまり民衆は王家と禄を食《は》んだ士族、そしてヤマトに〈滅茶苦茶敗北した〉（大里康永『沖縄の自由民権運動』）。それを機に運動は海外移民へと転じたのであった。その二世、太郎が勝者の側として、象徴の焼け跡に立っている。——歴

手前太郎、(中)喜納昌盛先生

▲▼戦争孤児と避難民たち。北中城村内と思われる▼

北中城小学校仮設校舎『がじまる』(北中城小学校創立100周年記念誌)

史のダイナミズムである。

不滅と思われた城垣《ぐすく》とて永遠ではなかった。少女が崩れた城垣にちょこんとかけていた。服とモンペは薄汚れてところどころ裂けている。爆発したような髪の毛のなかに丸い顔、長いまつげの下に沖縄の子特有のうるみをおびた大きな清い眼は深く澄んだ湖。少女は片足ズック。忽然《こつぜん》とガレキに舞いおりた妖精、フェアリーテールの光景だが栄養失調だろう、痩せた体が小きざみにふるえている。

「こんなところで何をしているの？」

声をかけた太郎は意外な返事におどろきながらも、ウチナーことばではない、きれいすぎる日本語に違和感をおぼえている。

「しばらく……、音楽を聴けませんでしたので……、ほんとうになぐさめられています……」

なるほど青い海の灰色の米艦からスウィング・ジャズが漂ってくる。

「この子の魂《まぶい》は僕の十倍も音楽を聴いている」

太郎は巡礼姿の少女を思いだしたか、「ご両親は？」ときいた。すると「父も母も死にました」と遠い昔かひとごとのようにいった。父は艦砲にやられたという。

「わたしは父を埋めてもやらず、逃げました……」

その翌夕には母がやられたという。いまわの際に「ゴメンネ」とあやまったという。親に子は天使である。子に親は天使である。昇ってゆく天使は戦いの地上に残す天使に「ゴメンネ」とあやまった。――本心から謝罪するべきは、ヤマトなのだ。

〈それきり少女（光子・十二歳）は泣き崩れてしまった〉

七歳の弟がいたが至近弾に避難民の群れへまぎれこみ、行方知れずという。幼くしてあまりに死を見すぎただろう、「もう弟は生きてはいない」とこれもひとごとのようにいった。「なんと哀れ！」太郎は絶句。いまだ絶望ということばも知らぬ子が、絶望を経験している。音楽が絶望の魂と響きあっている、なぐさめている、内心に計り知れない変化を起こしている……。片足ズックの少女のりっぱな日本語は、自分事を他人事にする感情変換装置と思われた。

太郎はじぶんにいって聞かせている。

〈おれは天より與《あた》えられた使命を果たす。沖縄救援運動にさらに邁進する〉

ハワイの安里貞雄に、沖縄地上戦争の惨状の詳細なレポートを絶やしていない。その太郎レポートをもとに、安里らハワイのウチナー人は服や靴など、救援運動を展開しているのだ。

＊

太郎は首里から激戦地、東風平村富盛《こちんだそんともり》に入った。そこは知念俊子の両親の村。イタリア戦線に始まった太郎とカウアイ島の知念俊子との文通はつづいていたのだと知る。

筆者は俊子の両親両家を訪ねて聞き書きして、父方の知念・母方の比嘉両家の甚大な戦争被害を知った。せめてその数字だけでもここに記しておきたい。

・父方知念家は沖縄地上戦争で四人、サイパン島で六人（集団自決と思われるとのこと）の十人。
・母方比嘉家は沖縄地上戦争で二人、サイパン島で八人（集団自決と思われるとのこと）の十人。

俊子は肉親をなんと二十人も一挙に失っていた。というのに奇妙なことに太郎と俊子はのんびり愛を誓いあっているのだ。日記にこうある。

〈激戦の沖縄だ、生きて帰れないと思いながら文通はつづいた。気がついた時は恋文のやりとりになって、戦争が済んでハワイに帰ったら結婚しようとまで進んでいた〉

そのときはまだ、太郎もだが知念・比嘉両家じしんが被害の全貌、ことにサイパン島のそれを知るよしもなかったであろう。

＊

太郎が激戦地糸満（南部）に在るちょうどそのとき、その地のある洞窟（現魂魄《こんぱく》之塔付近）に県立一中随一といわれた秀才、それだけに先鋭的国粋主義の学徒兵が潜んでいた。彼は左の腕をつけ根から失い、切断面には白い蛆《うじ》が千本の楊子のようにつっ立ち血膿《ちうみ》をむさぼっていた。南風原《はえばる》の陸軍第一外科壕にあって処分（毒殺）される寸前、ひめゆり学徒の助けで脱出したのである。比嘉正範《まさのり》（一九二九〜二〇〇三）。未来の世界の大学者、知念俊子の従兄弟である。かれは負傷の直前、日本兵の米兵捕虜虐待を目の当たりにしている。米兵は弱りきってもはや必要もないのに縛られ、木の根元に放り出されていた。顔を近づけるとまことに弱々しい声を聴いた。

「Mee-zuu, wa-ter.」

水筒の水をやると飲み、とても優しく言った。

「Thank you.」

「生まれて初めてネイティブの英語を聞いた」

水をやったので「キサマ、敵だぞ！」と上官に手酷く殴り倒された。腕の負傷はその直後のこと。陸軍第一外科壕で切り落とされたのだ。前述の洞窟に潜んだが、富盛の自宅に帰ると決めてその途中、精根つきはてて崖から転落したそのとき、少し残っていた腕の骨が根元から折れてなくなった。気絶していたところを米兵に助けられた。

「Mee-zuu, wa-ter.」

と水を飲ませてくれたものは、あの米兵であった。

右は、比嘉正範が米ケンタッキー州における「国際文化学会」会長就任記念講演（一九九九年）からの抜粋だが、その文頭で彼じしん、これは異例な講演だと断っている。

〈皆さんは私から何か刺激的な会長就任演説を期待されているはずです。しかし、今日は、どうか私の過去に起きたあるクロス・カルチュラル体験を皆さんに語る事をお許しください〉

これまで決して語らなかった、じしんの壮絶な沖縄地上戦争による――ヘレン・ケラーの「water」を思い起こさずにはいない、感動的といっていいクロス・カルチュラル体験である。生まれて初めて聞いたネイティブの英語「wa-ter」と日本語「Mee-zuu」――国粋主義に染めぬかれた比嘉を清めて言語学者の道へと導いた「水」はまさに生《いのち》の水であった。その学者の信頼が格別篤かったといわれている、瀬名波榮喜《せなはえいき》（名桜大学名誉学長）氏は確信していう。

「比嘉先生は沖縄が生んだ世界に誇れる偉大な教育者であり、言語学者であられました」

その偉大な学者は小学校三年までの比嘉トーマス太郎を、人間として、またクロス・カルチュラル――異文化コミュニケーション理論の実践者として敬愛した。その偉業はすでに数え切れないけれども、嚆矢《こうし》は「ハワイ青春の琉球盆踊り」、あのガラスの鎖国の開国であった。

じぶんはもっとできたはずだ

太郎は沖縄到着の四月二十五日いらい、難民救出にも連日奔走している。激戦のさなか島人は島のいたる所にある洞窟《ガマ》に、集団で避難した。人数はガマによって異なるから、救出者数はかれじしんもわからない（読谷村《よみたんそん》のシムクガマは千人余といわれる）。その太郎が「じぶんはもっと多くのいのちを救えたはずだ、じぶんはもっとできたはずだ」と半生悔やむできごとがあった。死者を思う太郎だが六月八日の日記に〈死者以上の哀れを生者にこそ思う〉と記している。死別はもうどうすることもできない。しかし生き別れの苦しみは生涯つづく。

ある洞窟に女が逃げこんだ、との情報にかけつけると、陽にあたる〝鬼畜米英〟が真暗闇に銃口をつっこみ、救済をよびかけていた。

「DAYTAYCOY！　デイテイコーイ！」

応じない。暗闇の避難民は光の中の〝鬼畜米英〟を凝視する。〈生きて虜囚《りょしゅう》の辱めを受けず〉である、かれらは集団自決の瀬戸際かもしれない。一方米兵は沖縄戦を「ジャップ・ハンティング」と鹿狩り《ディアハンター》のように愉しんでもいるのだ。「DAYTAYCOY！」と呼びかける兵がいつジャップ・ハンターに豹変するかは気分次第だ。太郎は意を決した。漆黒の中へと入っていく、コーヒーゼリーのような質量を感じつつ。もし、日本兵がいれば太郎は撃たれるかも。

〈日本語と沖縄語で呼びかけた〉

「わたしはとなりの中城村《なかぐすくそん》の出身です。決して害を及ぼさないので、安心して出てきてください」

と、とつぜん組みつかれた、女だ。

「奥にうちの娘がふたりいる、強姦しないでください！」

このできごとをハワイの安里にこう報告している。

〈米兵が捕虜の耳、鼻、手足を切って皆殺しにする。この鬼畜米英のデマ教育に染まる避難民は恐怖一色だった〉

母親には息子がいたが、避難途中機銃掃射を浴びたときにはぐれたとのこと。母親はガマをとびだし狂気のように叫ぶ。

「チョースケェ　どこかぁ！　チョースケェ！」。その子は砲弾の餌食となったか。〈じぶんが近くにいながら……、どうすることもできない……、無力がたまらない〉。太郎は〈私はたった一人の子どもを救えなかった〉じぶんを半生責めつづける。

だがその子は生きていた。それが照屋聡子《てるやさとこ》（移民史研究家）の尽力でわかったときは、敗戦から三十九年がすぎていた。その子と太郎、二人は対面している。思いもかけない平安の訪れだろう。太郎は感慨深くつぶやいた。

「ああ　いま私の沖縄戦は終わった」

ふたりの邂逅《かいこう》からさらに二十九年がすぎて、チョースケ（朝助）はＮＨＫ沖縄のテレビに現れた。そのときすでに太郎は亡く、老人は少年の戦争の記憶を失っていた。歳月は無慈悲か、あるいは苦痛を和ませるやさしさか。

学者比嘉正範だが、かれはじぶんの生《いのち》を救ってくれたひめゆり学徒を、その最晩年についに探しあて、お礼を果たしたとき、やはりつぶやいたという。「ああ　これで私の沖縄戦は終わった」と。パブリック・ウォー＝国家は戦争に勝ち敗けでカタをつけ、歴史とする。しかし人間にはこころがある。

プライベート・ウォー＝こころの戦争はトラウマとなってどこまでもつづく。ただ運がよければ神の息吹がそんなふうに終戦させてくれるのである。

太郎と少年チョースケ……、ややもすると美談にされかねないできごととおなじころ。四、五人の若い女が太郎を訪ねてきて、こんな志願をしていた。

「じぶんたちは女子慰安隊をつくった。日夜沖縄のためにご苦労されているアメリカの兵隊さんを慰めてあげたいから認可してほしい」

あのイタリアの戦争での女たちを思い起こさせる。太郎は上部への報告義務を意識的に怠っている。――だが思うのだ。志願の女たちは本心からジャップ（友軍）ハンティングに「ご苦労されているアメリカの兵隊さんを慰めてあげ」たかったのではないか。――友軍はウチナー人にあまりにも残虐だった。それはイタリア人の友軍、ナチ・ドイツの蛮行が語りつがれているように、ウチナー人に今でも語りつがれている。

7　あのきれいな平野につくまで

豚小屋《フル》に豚《わぁ》の影なし

戦争は人間の獣性をむき出しにする。その人間は最善というきれいな平野を目指しもする。

四月二十八日。――二人の白人と野戦テントを共にすることになった。軍属牧師ハイラーとブーム大佐である。

じつはこの指示は戦争孤児の留学を一蹴した軍高官S・チャールズによるもので、その後の沖縄救援運動を飛躍的に拡散させる機会となる。太郎は二人に惨憺たる沖縄のありさまを実見させながら〈下手な英語で〉早急な救援を訴えた。二人は太郎を第十軍司令官バックナー中将に紹介した。バックナーの風貌はいかにも生粋の軍人然としていかついが、太郎は人間味の隠しきれぬ大きな眼を信じて「惨めに暮らす沖縄同胞に、ハワイ二万同胞が救援の手を差しのべるべく準備をしております」と協力を訴えた。これにバックナーは激戦下にもかかわらず〈運動のために種々の便宜をはかられた上に、米国赤十字社代表のスィーツランド氏に紹介してくれた〉

五月十三日。ブーム、ハイラー、スィーツランド、それと太郎の四人は沖縄戦災民救済につ

フル——沖縄独特の豚小屋

いて意見を交し、三十日に再会合している。そこでハイラーは米国キリスト教連盟へ、スィーツランドは米国赤十字社本社へ、ブームは海軍へと、それぞれの分野で「沖縄戦被災民救援の協力依頼」状を即時発送。これを太郎はホノルルの安里貞雄に報告している。——かくして一農民比嘉トーマス太郎が投げた小石の波紋は全ハワイへ、北米大陸へ、南米へと広がっていくことになる。

チャンスは生きものである。戦死は日付のない予定である。バックナーとの面会は五月二日だった。その一月半後の六月十八日、中将は戦死した。

その五日後、二十三日。沖縄地上戦争は一大転機をむかえる。友軍司令官牛島満《うしじまみつる》は降伏ではなく、〈生きて虜囚の辱めを受くることなく、悠久の大義に生くべし〉と東条の惨毒を鸚鵡《おうむ》がえしして自己完結（自決）——悪魔の遺言であった。司令塔を失った友軍はてんでんばらばらに行動、民間人殺害、負傷兵の毒殺等、悪逆のかぎりを多発する。太郎はその生々しい爪跡を視察して回っている。

「ホワット?」

太郎に同行の兵が首をかしげたものがある。沖縄独特の形態をした豚小屋《フル》だ。沖縄は千年にもおよぶ豚《わぁ》、それも黒豚《あぐう》によって暮らしをたてる豚文化の国であった。肉、皮は食糧。膀胱《ぼうこう》はボール。糞尿は畑の栄養、畑は作物を育てる。芋は人間の食糧、かずらは豚のエサ。年に二、三回約八頭ずつ子を産む豚は、いまでいえば「ＳＤＧｓ」持続再生可能な生態系の要、だから豚がいない沖縄に明日はない。ゆえにどんな貧しい家にもフルはある。がなんと、マンザナー強制収容所での予感が的中、沖縄地上戦争は豚を絶滅状態に追いこんでいた。この衝撃的事実が、沖縄の太郎から、ハワイの安里貞雄への、沖縄救援の緊急性を訴える第一報となった。

〈フルに豚《わぁ》の影一つもなし！〉

沖縄の気品

戦争という火風《ピーカジ》に焼きつくされた沖縄に、ただ一つ、貴い宝石が残されていた。それは美しい写実に始まっている。

〈家々は何れも廃屋同然である。だが祖先を祀る沖縄特有の仏壇を見れば、避難する折、きちんとしたのであらう、御線香が枯れ落ちた御花と共に残っている。台所へ行けばヒナカン（竈）には出立の慌ただしかったであろうに、拝んだのだ〉

ヒナカンは火の神のおられるところ、花がささげてあった。

〈砲弾が天地を揺るがす一刻も争うとき、落ち着き払って屋敷中を掃除し、清め、花を摘み、祖先・沖縄の自然神に御線香と御花を供えてから避難された、その跡がありありと残っていた。ああ、こんな惨禍にあっても、わがウチナーンチュは礼節を崩さなかった〉

太郎は廃屋の息を感じている、沖縄の自然神が気高くも悠然と呼吸しているのだった。

〈二番座の仏壇の横に、着こまれた芭蕉布《ばしょうふ》が涼やかにゆれていた〉

生芭蕉は煮られて二つに割った竹にしごかれ、内にひそめる純白の心髄を光りにさらす。陽は艶やかに上品を輝かす。そうやって糸にしてから誠をつくして織りあげられた芭蕉布は、ゆっくりと長い時間をかけて、丸くなった真珠の気品をただよわせている。落ち着いた民族の涼やかな伝統である。

「じぶんは何かを教えられている……」

二番座からうす暗い裏座に入った太郎だが、明るい陽光にひかれてふと裏庭へ眼をやると〈沖縄特有の花々が咲き競っている、キンスナバー（菜っ葉）が立派に育っている〉。赤や黄色の花々、みずみずしい青の野菜、ウチナー人のこころのいろいろである。太郎は沖縄の自然神に誓っている。〈じぶんは心中家人に代わって念じた。我は、沖縄民族であることを誇りとしていく〉。ふいに〈内に熱い力が湧いてきた〉。

世界《しけ》に誇《ふく》ゆる我《わん》が沖縄《うちなあ》、沖縄魂《まぶいわし》忘んなよ（喜納千鶴子『思いぬままに書ちゃびら』）

ウチナー人が内に秘める「我《わん》が沖縄魂《うちなあまぶい》」はウチナー人の底力——その熱い力がヤマト人に呼びかけるのだった。

「なお一層の努力を発揮して、ヤマトンチュよ、お互い邁進しようではないか！」

ヤマト人よ。ウチナー人とともに、絶望を希望へ向けかえよう——と。太郎の思想の根本「津《しん》梁《りょう》」渡しと橋である。

グッドバイ

七月十九日、木曜日——July 19 Thursday. received a letter from Toshiko Chinen.〈知念俊子から手紙〉。とただひとことだけ。結婚まで誓いあった相手にあまりにも素っ気ない。が、深い事情があった。このころの沖縄戦場日記はさすがの自然神も火傷するほど燃えあがり、炎影ははげしくゆれ乱れている。Hなる女性に恋をしていた。

八月七日。火、午後。——じぶんが沖縄に来て以来常に心にし、愛し愛されたH嬢と種々打ち合わせもした。

なんと結婚の打ち合わせである。写真でしか知らぬ知念俊子よりも、眼前に一挙一動する生身の女に引かれて自然だろう。ところが同じその日。

〈帰ってくると中尉が二人見えたとのこと、ノート（伝言）を置いていった。明日朝八時、ライカム本部に来るように。とあった〉

八日。午前五時起床——出発の準備を為し、Hに午後には戻ると約してライカム本部に向かう。

夕方、もどった太郎はH嬢にのっぴきならぬ事態を報告している。

「ハワイに帰らねばならない」

除隊による帰国命令であった。それも急な明日。

九日、午前五時半——Hが起こしに来てくれた。煙草と洗面の準備をしてくれる。時刻となる、Hとの別れを告げねばならない。

太郎はジープに乗った。「戻ってくる」といった。はなれてゆく背中に小さな声でHはいった。

「グッドバイ。ごきげんよう」

女のカンはこういうときに鋭い、永遠の別れを直感したにちがいない。

太郎は乗艦の待機所に待たされている。

八月十一日——待機三日目。いよいよ船に乗る。

中城湾《なかぐすく》に浮く輸送艦の一つに乗りこんだものの、一向に錨《いかり》を上げない。

八月十三日——未だ中頭《なかがみ》の東海上（中城湾）に居る。

八月十五日——未だ艦は同一場所にある。此の窮屈な朝夕、被災民のことを考えると、何もできぬじぶんに余計心労をおぼえる。

日本敗戦のその日だが、気持ちはそこにはない、沖縄戦争はまだつづいている。正式終戦日は九月七日である。

八月十六日。太郎は海が見えぬほどに居ならぶ一艦の甲板にあって、その胸中は二つの火が一つに燃えた激しい日々の名残りと、沖縄救援の使命がからみ乱れている。

「オレは沖縄に残ろう、Hとふたりで新しいいのちを育むことができればどれほど幸せか」「だめだ、身勝手するな。難民が手をのばしてくる！」。板挟みの状態に煩悶《はんもん》するその時。

「けたたましく空襲警報が発せられた」

こんな事態には慣れっこの太郎だ、〈またかと思ったくらい〉と書いているが、脳みそが甲板に叩きつけられた、というほどにもスピーカーが失語症のごとく、一つの言葉をわめきたてた。

「カミカゼ！　カミカゼ！　カミカゼ！　カミカゼ！」

アクセントを二つ目の「カ」に強くおき、がんがんわめく。

〈同時に、中城湾一面に煙幕が張られた。幾百幾千と思うほど視界にあった艦船は、ごく近くの他には隠れて見えなくなった〉

スピーカーはヒステリックに叫ぶ。

〈二十五マイル！　十五マイル！　十マイル！　身を隠せ！　だが身を隠そうが、艦に体当たりされたら諸共だ。私は覚悟して成行を見守ることにした〉

歴戦の勇者というがそれはこういうものか、甲板に居直った。その勇気を超える強烈な好奇心が貴重な記録を残すことになる。

〈探照灯は幾十幾百の筋を立て、北方より迫りくる特攻機二機をとらえた。高射砲の一斉射撃が始まった〉

八月になると再現されるあの虚しいがゆえに悲壮なシーン、それがじっさい太郎の目前に展開している、目撃している、体験しているのだ。

〈探照灯の放射を浴びる特攻機は、宵の空に判然と浮き出てしまった。二機の特攻機は艦まであと三マイル（約四・八キロ）というところまで仲良く、というように飛んできたが……、一機の爆音がプッリと絶えたと思うと胴体あたりからまっ赤な炎を吹き出し、重心を失い、にわかに落下しはじめた。そのまま海中に突っこんだだろう、音もなく視界から消えた〉。もう一機は〈友が撃墜されたことを知らぬげにゆうゆうとわが頭上に迫りくる！　と、急に機首を下げ、真っ逆さまの体当たり体勢に入った。私の近くにいた白人兵のウロタエとワメキ、此処で到底記すことができない〉

「オカアサーン！」

特攻機の甲だかいエンジン音が特攻隊員の絶叫と化してつっこんでくる。

〈瞬く間に私の乗る艦の頭上をかすめて一番近くの艦に体当たり自爆、轟音《ごうおん》と共にその最後を遂げた〉

太郎は危うく難を逃れた。命中した艦は沈没しなかったが、相当の被害を受けていた。

この出来事を太郎が〈百メートル余の所から目撃した〉のは日本敗戦の翌日八月十六日、意外である。定説では最後の特攻機出撃は八月十五日、大分飛行場からの十一機、それも中城湾《なかぐすく》には一機たりと到達していない。〈十一機のうち、二機は途中で不時着し、一機は沖縄まで行って艦船を見出せず還る途中で不時着したが、（宇垣）長官機を含めて八機は遂に還らなかった〉（松下竜一『私兵特攻』）。八機の行方は不明である。

歴史に消えた特攻機二機……秘められたドラマを知りたいが、確かなことは、太郎の戦争は一九四一年十二月八日、日本のハワイは裏オアフのカハルウ海軍基地奇襲に始まり、一九四五年八月十六日、日本の特攻機によって終結した事実である。

「もし、原爆がピッツバーグに命中したら」との見出しに「28キロ平方が平地に化す」とその被害を視覚化している。ピッツバーグは米北東部ペンシルヴァニア州の大工業都市（ピッツバーグ　サンテレグラフ紙。1945年8月8日）

8 沖縄救援運動

ジブンヲカンジャウニ入レズニ

「神風が吹いた」と劣勢の日本軍は信じた。沖縄を襲った一九四五年六月四日の台風である。じっさい米軍は泥沼化した戦場で戦車や大砲が身動きできなくなるなど、甚大な被害を被っている。民間の避難民はといえば、

〈沖縄には何もない、そこに先般大暴風雨に襲われて仮小屋も吹き飛ばされ〔…〕間もなく冬が来る。戦火に追われる同胞は着の身着のままで冬に入ろうとしている〉

右は太郎がハワイに戻ったその日の緊急集会における沖縄現地報告である。ハワイでは、沖縄救援運動はすでに安里貞雄、ギルバート・ボールズ牧師（一八六九〜一九六〇）を柱に二十六名が各班のリーダーとなって成果を上げていた。ぞくぞくと集まる救援物資の集積所はホノルル市内だけでも二十四か所におよぶ。膨大な物資の一つ一つに人間のドラマがあった。じぶんが着ている服を「少なくて、沖縄にもうしわけありませんなあ……」とすまなそうに脱いでゆく男。

――パールハーバーのあるオアフ島は軍需景気に沸いているが、他の島々はといえば数年つづく

悪天候に暮らしはカツカツだった。

各集積所ではおおぜいが救援物資を仕分けし、衣服は洗濯し、ほころびを繕い、ボタンをつけ、アイロンをかけ、きちんと折りたたんでいる。その人たちに「せめてランチを」と無料で提供するレストランオーナーがいる。金銭製造機となるべく宿命の海外出かせぎ移民たちが、その子孫たちが、一セントにもならぬことをしている。わが沖縄を救え、を合言葉に。

大量の救援物資に詰める箱が不足となった。この事態を安里貞雄は、他島を沖縄救援キャンペーンにかけまわる比嘉太郎に感慨深くレポートしていた。

〈ご老体のボールズ博士と共に、ゴミ溜め場まで空き木箱を探しに行きました〉（ボールズ七十六歳時）

〈黙々として糞までまじるごみ溜《だめ》で、働いて下さる先生のお気持ちは、本当に感涙の流ふるを禁じ得ません。いかなる場合でも、不平の一言でも発せられないその精神、私は此《こ》の尊い事業を通して、先生から受けた感化を本当に神様に感謝しています〉

ご老体のボールズは全身全霊を惜しまず、奉仕してくださっている。おそらくそこが沖縄であるかどうかは関係ない、困っている人々のために、全力を尽くしている。そして決してじぶんを誇らないし語らないのだった。

安里はのちにボールズの気高さを称えるべく、リーフレット『この記録を故ギルバト・ボールス博士の靈《れい》に捧ぐ』を自費製作する。その中で博士に記者が問いかけている。

〈先生は一九〇一年から四一年の戦争の直前まで一生の大部分を日本でお暮らしになりました

が、現在の苦しむ日本国民を見てどんなにお考えですか、と尋ねると、博士は流暢な日本語で、「いま苦しんでいる日本の人々に対して、私がどんな気持をしているかは、之《これ》からする私の仕事で表すつもりです。」老博士の両眼は涙ぐみ、愛と同情の熱で光っていた〉

ボールズの功績を伝えることを使命とする安里、――そのかれじしん、じぶんの事業を放り出して「尊い事業」、沖縄救援運動に全身全霊をささげている。そしてそのじぶんを語らないのだ。こんなにも素晴らしいボールズとの出会いは、比嘉太郎の沖縄への深い愛情があってこそだと、太郎に感謝するのである。

〈これも貴下の熱意ある賜《たまもの》――、ボールズ博士の人格の一端に触れることのできた恵みと感謝して居ます〉

その太郎といえば安里をこう記していた。

〈特筆すべきは、安里貞雄氏の涙のにじむような努力である。安里は運動の支柱だ〉

じぶんを勘定にいれない、自慢しない。みんなで一人の気高い英雄であった。

＊

太郎が運動拡大にまわる島々には、救援物資が山積みのままにあった。農産物の不作に暮らしは逼迫し、救援物資を沖縄へ発送する拠点、オアフ島への輸送費にも事欠いたのである。この事態を太郎は安里に打電。つぎはその返電である。

〈比嘉太郎様／沖縄の皆さまの為に御順溝《ママ》なされるのに大多忙の事と御察し申し上げます。今日は朝よりドクター・ギルバート・ボールズ氏と共に、各地に出張し種々と運動しました。島地の

マウイ島ラライナの衣料品集積所。昼間の仕事を終えてからの奉仕なのだ（1945年12月11日、長嶺氏撮影とある）

この記録を
故ギルバート・ボールス博士の
霊に捧ぐ

安里貞雄製作「ボールズ博士のリーフレット」

島袋の女性たちと米兵

出港の準備だろうか。箱詰めされた救援物資の集積所

米軍と共に難民の救済にあたる島袋の女性たち。「US」の腕章に米のスパイ視され、日本軍に狙われたという

件（輸送費の意）につき当局者に運動しましたら、船賃無料で運んで呉れる事に許可を受けましたから、左様皆さまへお伝え下さい。十二月三日午後五時　安里貞雄〉

事務的な文面の行の谷を安里のよろこびがせせらいでいる。かくして救援物資はホノルルに集結したがさて、これを沖縄へ輸送するにはどうするか。ボールズのリーフレットにこうある。

〈母国への衣服類の発送について、沖縄各村代表者臨時集会が開催された〉。七十名に達した出席者は〈すでに衣類を綺麗《きれい》に繕って箱に詰め、発送を今か今かと待っている。母国沖縄救援の熱情に燃える涙ぐましい集会だった〉。

いま母国沖縄は冬。救援物資は一刻も早く届けねばならないが、その輸送は海軍の管轄下にある。

〈一九四五年十一月二十六日――海軍当局の協力を得るため、ウィットモア牧師、ボールズ博士、私の三人が、W・ゼニングス大佐に面会〉

そのゼニングスがいったことはなんと！

「ちょうどいまごろ、米本土から八百トンの救援物資が、ハワイ沖を通過しています」。軍人らしくもないやわらかな口調はつづく。「このことは最近沖縄から帰国した、ある軍属牧師たちの願いによって、実現したものです」。

ハイラーとスィーツランドの二人に違いない。キリスト教会および赤十字社双方は持てるネットワークを通じて、北米に南米に沖縄救援活動を展開。限りない善意が八百トンもの果実になって、今、目の前の光る海を沖縄へとわたって行くのだった。ハワイの動きも急ピッチとなった。

〈人間が楽に一人横になれる大きな箱がじつに一三五〇箱。次々トラックは出発していく。最後のトラックが出発したその時、人びとはおたがいに握手をして喜び合った。それは大きな感激でした〉(『仲嶺真助自伝』)

それにしても疑問がおきる。世界大戦である。人類は苦しんでいる。というのにどうして、沖縄という小さな島の救援運動は世界へと、大きくひろがったのだろう? キリスト教会、赤十字社の世界的組織力はもちろんあった。だがもっと人間が本来そなえる自然なもの、つまずいた人に思わず手をさしだす。そういった小さな「善」のつながりではなかろうか。

透明な青の宇宙に浮く美しい島、沖縄。戦争は小さなその星を火風《ピーカジ》にくるみ、二十万人もの死者をだした。美しい星を見殺しにするな――一本の合歓木《ねむのき》に蛍が無数に集まり、大きな光になって銀河へと昇ってゆく――想像世界のような、無数の人間の「善」が沖縄に流れこんだのだ。

――人間は信頼できる。

白い豚と黒い豚

漁網、釣り針、種子、布地、医薬品、ミシン/書籍、鉛筆、ノート、消しゴム、チョーク、謄写版、オルガン、蓄音機、ランタン、老眼鏡/理髪用具/自転車、靴、衣類。救援物資は多種多様だが気がつく。――主な物資は生産の必需品である。書籍、鉛筆、ノート類は知識の生産=沖縄の自立と再建に不可欠である。救援者たちが物資にこめた熱い願いは何か、が伝わってくる。

沖縄の自立の屋台骨は農業と豚、とは先に述べた。その豚が太郎の予想通り、沖縄地上戦争で絶滅に瀕していた。

太郎念願の「沖縄へ豚を」が実現する。その運動体の代表者は賀数亀助《かかずかめすけ》（糸満出身）。高利の金融業で知られる人だが、出資者には利息以上の配当、これに助けられた人は数知れず、感謝はいまも語り草になっている。かれはハワイ大学における養豚の研究者としても知られていた。

海をわたった豚は雌五百頭と種付け牡《おす》五十頭、計五百五十頭である。これはハワイでそろう数ではないから、本土西海岸オレゴン州ポートランドで購入した。この頭数はハワイの獣医山城義雄の計算に基づいている。五百頭の雌が年三回八頭の子豚を産み、うち四頭が雌とすると、四年後にはなんと二百万頭にもなる。そのとき沖縄の人口は沖縄地上戦争で十二万人が亡くなり三十五万余人。一人あたり約六頭、五人家族だと三十頭にもなる。ところがそうはならなかった。獣医はこの計算式にあるミスをおかしていたのだ。それを追うと一編のドラマ「海から豚がやってきた」が浮かび上がる。

豚の海わたり――この実現は一九四八年八月三十一日。豚輸送船オーウェン号はポートランドを出航したが二日後、嵐に遭遇。甲板の豚小屋は吹き飛ばされて帰港、再出港は九月四日。途中も幾度か嵐に遭い、そのうえ機雷に幾度も遭遇するなど、予定は大幅に遅れて九月二十七日、沖縄ホワイトビーチに到着。五百五十頭は五百三十三頭に減じていた。途中子豚が六、七十頭あまり生まれたものの生存は二頭にすぎない。豚にも人間にも過酷な船旅だった。（『海から豚がやってきた』下嶋著参）

さて四年後に二百万頭のはずがそうはいかなかった。飢餓である、親豚を喰っちまった。獣医は切実な飢餓を計算に入れ忘れていたのだ。それでも四年で十二万頭、絶滅寸前から戦前最高の頭数を達成している。

この豚ドラマにはつづきがある。元来沖縄は黒豚《あぐう》である。海を渡った豚はヨークシャー種等の白豚が主。ここに歴史的チェンジが起きた、黒から一挙に白くなった。

「沖縄の豚は黒いはずでしょう。それが兵隊から戻ってみたらムル（全部）白くなっとって魂《ちむ》ワサワサしたさァ！」

シベリアに数年抑留されてもどった読谷村《よみたんそん》の新垣秀吉氏（後読谷村議会議長等歴任）の談である。

沖縄の軍港ホワイトビーチに到着した豚

豚の守り役に同行した7人（後列右2人を除く）

黒から白へ、チェンジの衝撃――豚を受けとった農民たちはその感激と驚きを、ハワイの親戚縁者に書いていた。

〈ハワイからの貴君らの同情による豚は、アメリカーと同じ、純白なホワイトピッグで〔…〕美しい豚を初めて見ました。何でもかでもハワイの品は美しく異なっていますね〉（Sさん。知念村）。〈西洋料理になれた豚に、沖縄の芋とカブラでは大変だろうといえば、グーグー美味いとの返事です。〔…〕豚の国、沖縄の建設に一生懸命尽力致します〉（Kさん。南風原村）。

グーグーはグッド、グッド。鳴き声も英語の白い豚に励まされて、独立の沖縄建設に尽くすと誓ったのだ。（下嶋哲朗『豚と沖縄独立』）

いま、沖縄は長い豚ブームがつづいている。その中に起きつつある白から元来の黒への回帰の動きは、あたかもウチナー人の自信回復を示すようである。

清貧の回し着精神

沖縄地上戦争は知性のジェノサイドであった。沖縄の二十一校、千九百二十三人におよぶ学徒が動員され、九百八十人が戦死した。不羈《ふき》独立に知性の再生は不可避だが、その金床は前記したように本や学用品であると、沖縄救援運動は考えぬかれている。

鉛筆ノートなど学童八万人に送られた学用品は米軍政府により住民代表によって構成された諮問機関、沖縄諮詢会（委員長は太郎と交流した志喜屋《しきや》孝信）を通して、各校に配布されている。

これを受けとった高江洲《たかえす》義茂さん（当時小学校教員）に聞いた。

「ある日、文教局からと思いますが（その時はハワイからとは知らない）、トラックがノートや鉛筆などを持ってきてくれました。その量は全学童にはとうていゆき渡りませんので、校長先生が、最も貧しい子どもたちから配ってください、といわれました。たしか、一冊のノートは三つに分け合いました」といってから、「じつは昨日、その一人の子が訪ねてきてくれましてねぇ」と微笑をこぼされた。沖縄救援運動はいまも人間の物語を紡いでいる。

その文教局部長・山城篤男はハワイへ感謝の意をこめて答えている（一九四八年五月十七日）。

〈謹啓　皆さまには郷土復興に対しこれまで物心両面に援護を賜り、これらの事業が沖縄及び沖縄人の働きに奮起せしめ〔…〕留学生派遣の計画は、目下沖縄の知識に飢えた青少年はどれほど感激興起していますことか、全く沖縄に対する尊い救いの輸血であります〉

太郎の戦争孤児留学の発想は形を変えて進行しているのだった。山城の沖縄再建を知に託す想いと展望はヤケドするほど熱い。

〈沖縄の今後の道は何としても、沖縄の地理と歴史に即して、高い知性を磨くことがもっとも肝要です〉

ヤマトに否定され、消された沖縄文化と歴史、その復活は不可欠なんだと。この背水の陣がハワイからの本と学用品であった。そして多くの知性が育った。

〈十年以上も前（一九九〇年ころ）のこと、我部《がべ》政男教授がハワイを訪問されました。歓迎会の席上、教授は、「子どものころ青空教室で、ハワイから送られてきた鉛筆、ノートを使って勉強しましたが、着ている物もまたハワイから送られたものでした。私が現在あるのは本当にハワイのお陰で、何時か機会があったらお礼の言葉を述べたいと思っていました。今ここに、その機会に恵まれ本当にありがとう御座いました」と語り、深々と頭を下げました。我部教授は話の途中から涙を浮かべて涙声になり、話は途切れ途切れになり、やっとの事で話を終えましたが、集まった人びとの拍手はしばらく止まりませんでした〉(『仲嶺真助自伝』)

学問の機会を失した気高き金銭製造機たちは、拍手をじぶんにも贈ったに相違ない、でも遠慮がちに。

我部氏が筆者に語った回想を記しておく。

「一冊のノートは百枚。ペーパーといった。これを幾人かで分けた。鉛筆はペンスルといい、二つに切った。非常に貴重だった。消しゴムつきの鉛筆だった。消しゴムつきのほうは「頭が悪い」といった(ナ、ナルホド)。教科書もハワイから来た。初めて習った日本語は青い空、広い海……、でも学用品よりもミルクの方が良かったな」とは深刻な飢餓地獄の亡霊が晩年になってなお、記憶の中にさまよっているようだ。

＊

北中城村《なかぐすくそん》の喜屋武《きやん》初代さんは、少女時代のたった一枚の写真を大切に保存していた。そこに秘められた物語は万人のこころをうたないではいない。着ている服はハワイからの贈りもの。戦禍も露骨な掘立小屋をうしろに立つ少女の、場ちがいといってもいい瀟洒なワンピース姿に、おもわず現実的質問をしてしまった。

▲青空学校。地面がノートの他には何もない、紙1枚もない
◀清貧の回し着。右が喜屋武初代さん（喜屋武さん提供）

「さぞ、友だちにいじめられたでしょうねえ？　さぞ、やっかまれたでしょうねえ？」

答えはこうである。

「されなかったさぁ、ぜんぜん。これ、みんなで回し着してたからよぉ……、」

いかにも沖縄のおばあちゃんは、尻上がりにやさしくいった。混じり気のないその声にとっさに浮かんだ。

——清貧の回し着精神
島人《しまんちゅ》たちは戦渦にありながら、一枚の服、わずかな食べ物、一本のえんぴつ、一冊のノート、なんでも分けあった、独占しなかった。「おう、おう、持ってけえ」。あの貧しかった沖縄のじいちゃんである。清貧の回し着精神——なんでもないような一枚の古い写真だけれども、それは愚かな戦争《きょうそう》に、ウチナー人が勝利した人間の物語、その貴重な証言なのだ。

そしてこのときようやく、ハワイの比嘉トーマス太郎、一人から、世界にひろがった沖縄救援運動の真髄を理解したのである。

9　涼風家族

結婚

ハワイあげての大規模な沖縄救援運動であった、というのにどうしたことか、記録などの資料がほとんどない。だいたい保存の意志がなかった。その理由を、運動の柱の一人だった外間《ほかま》勝美が淡々という。

「後世のウチナーンチュに、自慢のためにやったのではないよ」

筆者はおどろき意表をつかれたが、それはたちまち敬意になった。というわけでハワイの関係者をめぐることになったわけだが、いくばくかの写真と資料が発見できた。それらの写真はいまや沖縄の記憶としてポピュラーである。しかし写真とは見るより以上に読むものはないか。これらの写真には秘密と物語がいっぱい詰めこまれてある。まず裏書きがある、筆記者は比嘉太郎、その太郎が写っているし、ある重要人物が写っている。写真を読んでいこう。まずは裏書きから。

〈沖縄戦災民救難品荷造りを終えて／一千九百四十五年十二月十五日／於　ワイルク（マウイ島、あの大火災の島）昭和青年会館〉

前列真ん中に太郎と俊子。「沖縄戦災民救難品荷造りを終えて。一九四五年十二月十五日於ワイルク昭和青年会館」とある

子どもをまじえ五十人あまりの老若男女の記念写真である。三つのうす暗い電灯が、暮らしの仕事を終えてのボランティアを語っている。女たちの前には裁縫箱、救援衣料のほころびを繕うのだろう。木箱作りにか、男の手には大きなハンマーが。拡大鏡に浮き上がる一人ひとりの顔は、母国沖縄につくすよろこび――素敵な笑顔だ。

その前列の真ん中あたりに、比嘉太郎がいる。かれの右横、若い女の掲げる紙にはこうある。

〈沖縄の皆様へ 贈呈します 布哇《ハワイ》在住有志〉

調べて、これはボールズ牧師の依頼による文言と判明した。沖縄に何かメッセージを、と頼む安里に牧師はいったのだ。

「各箱の中には日本語で〈ハワイの人から沖縄の人に贈る〉と書いた紙を入れて下さい」。しかし、と念をおしている。「じぶん

太郎と俊子

の名は書かずに」と。

すべては沖縄のために——気高い秘密であった。

*

その神の使者の言伝をかかげる若い女性はなんと、知念俊子。二人は知らぬ間に結ばれていたのだ。調べた。事実はたしかに小説よりも面白い。沖縄救援運動は美しい話ばかりではなかった。二人の結び目には奇怪なできごとが関与していたのである。ある集会である紳士が暴言を吐いた。

「沖縄救援運動はハワイの沖縄系人の将来に、好ましくない！」

別の紳士があと押しをした。

「同情するが沖縄は沖縄、ハワイはハワイだ」

沖縄地上戦争はあまりにも無惨だった。ヤマトには原爆が二発も落とされた、そして日本は大惨敗を喫した。これは世界史の事実である。

▲左に「布哇必勝會本部」の看板がある。場所はホノルルの同会会長のS宅

◀必勝会が撒いたビラ。「21 年 1 月 1 日」敗戦の翌年の日付が書かれている

なのに。

「日本は勝っておる。救援などと沖縄の恥、もってのほかだ!」

かれらは「大日本帝国はアメリカに勝った」と狂信する「布哇《ハワイ》必勝会」、通称「日本勝った組」の組員であった。連中は沖縄救援運動員を「戦勝日本を救援するのは国賊だ。天誅下す」と脅迫、白昼テロを実行した。

同会の設立は日本敗戦の翌年、一九四六年二月二十二日。文字通り狂信的集団というほかないが、筆者はあることを思い出した。調べた。やっぱり! とおどろいた。「布哇必勝会」はなんと、ツールレーク隔離所・リトル日本帝国の「日本勝った組」につながっていたのである。そのリーダーの一人(神官・岡山県出身)が、日系人の多いハワイに、リトル日本帝国の〝再興〟をかけていた。それが「布哇必勝会」の設立の動機であった。

〈勝った組は相当な勢力がありました。この人たちは、日本は勝ったのだから救援物資を送る必要はないと言い張り、そんなことをするとあとで（日本軍のハワイ統治）死刑になる、と言ってました。私も、豚を五十頭寄付するから来てくれ、と偽の電話をもらったりしました〉（『仲嶺真助自伝』）。仲嶺は「身の危険を感じたので行かなかった」と語っている。

この結社をハワイ州当局は比嘉太郎が〈沖縄の戦地におけるより以上に、身の危険を感じることも数度体験した〉のを機に、調査にのりだしていた。そのレポートは先の仲嶺証言に合致する。ごく簡単に記しておこう。

設立趣旨は〈日本は米国に勝った。近日中に帝国海軍が真珠湾に来港し、ハワイを統治する。しかるに祖国は負けた、などとデマを流布する輩《やから》がいる。我々は日本精神を堅持し、迷える同胞を覚醒さす〉というもの。

馬鹿げている、と一笑に付すのは今だからできる。ハワイ総人口の三〇%を占める日系人の八〇%が一時とはいえ、日本は勝った、を信じた事実がこの前提としてある。同会会長はS。集団自決を起こした読谷村《よみたんそん》出身のウチナー人である。会員も沖縄人が多く、同会の資金は八千人もの会費によって相当潤沢とある。

日本勝った組が「天誅《てんちゅう》下す」べく第一ターゲットは沖縄救援運動の支柱、比嘉太郎だと言明。ためにかれは安里に覚悟をのべた。

「じぶんの名前が表に出ることで、衣類の一枚でも集まりが少なかったら、沖、縄、に、申、し、訳、が、な、い。じぶんは各島々の運動拡大に専心する」

その足で新聞社に出向き「以後、私の名前は活字にしないでほしい」と要請、運動の発起人は自ら名を消した。そのためにだろう「比嘉太郎は沖縄救援運動に積極的ではなかった」との風評が立つことになる。

ハワイの沖縄社会がデービット・イゲ・ハワイ州知事夫妻出席の下、比嘉太郎を〈沖縄に豊かな種をたくさん蒔いた〉と顕彰したのは、太郎の没後も三十余年を経た二〇一八年だった。

「戦時・戦後の県民救援に尽くした功績」によって「沖縄タイムス賞」を受賞したのは一九八三年七月だった。

さてここは太郎と俊子、二人の結婚のいきさつだった。――こんな流れから、太郎十七歳、水車発電機発明の新聞記事に「この青年が娘の夫になってくれたら」と夢想したカウアイ島のある男の前に現れて頭を下げた。

「娘さんをください」

貧乏暮らしが保証つきの青年とわかっていたのではないか。それはだんだん明らかになってくる。二人はめでたく結ばれた。そして一文にもならない沖縄救援に、そろってハワイの島々をかけまわっているのだった。二〇三頁の写真はそのときのものである。

いっぽうの日本勝った組は勢力を拡大し、活動はいちじるしく、ために沖縄救援運動は深刻な事態に陥った。安里は緊急電をマウイ島の太郎に発信。

〈ホノルルの運動本部に反動分子の暗躍が激しくなった。運動に支障を来す恐れが生じた。至急戻られたし〉

急遽ホノルルにもどった太郎は「沖縄郷土被災民を救え！」をスローガンに、沖縄救援運動を立て直した。

――「布哇《ハワイ》必勝会」の解散は一九七七年。なんと日本敗戦から三十二年、沖縄の日本〝復帰〟から五年も「ニッポン勝った」を信じてきて解散に到ったには、深刻な理由があった。手元に「解散理由書」がある。長いが要するに、移民第一世代＝明治大正生まれ、すなわち〝一系〟天皇主義世代の高齢化である。新しい種族は「あとを継がない」と嘆いての解散であって、転向ではない。ご長命の昭和天皇がかれらの内なる天皇制を頑張らせてきた。

――そんなさわぎのただ中の結婚であった。太郎二十九歳、俊子二十六歳。体内に新しい生《いのち》が宿っていた。

あなた、決めたんでしょ

一九四六年長男が誕生。父となって太郎は農業《くらし》に張りきっている。沖縄救援運動の最高潮期でもある。そんな多忙なある日。何用か、わざわざアメリカ本土からＪＡＣＬの城戸三郎会長ら、全米の日本系人社会をたばねる人物五人が雁首《がんくび》そろえ、遠いハワイもさらに遠い裏オアフのカネオへの奥地まで太郎を訪ねてきた。城戸がまず口火を切っている。

「日本敗戦に強制収容所は閉鎖、住みなれた家郷に帰ってみれば、事業も住宅も他人種にのっとられてホームレスだ。他人のベースメント（地下室）、バーンハウス（納屋）の片すみ、ガレージに寝起きのザマ。底辺におちた日本人に、ジャップは日本へ帰れ　などと罵声があびせられ、ツバがはかれる。路上では老若男女の別なくぶちのめされ、テロリスト、ガンマンに襲われている」

すさまじいジャップ・ヘイターの言動を報告してから本題に入った。

「この禁断症状は、そもそも日本人が『移民法』で帰化不能外国人と規定され、帰化権が否定されているところにある。そこでわれわれは日本人の帰化権獲得（移民法改正）と、強制立ち退きに対する謝罪と損害賠償を求める全米規模の運動体『市民協会反差別委員会』を立ち上げた。そこであなたへの要望です」

太郎は城戸を止めた。状況は承知、その先を読んでいた。――「移民法」改正は日本人の人権獲得だけにとどまらず、日本国の重大事でもあった。なぜなら、海外出かせぎ移民は、敗戦大人口貧民国にとってダブルの救済――口減らしと外貨獲得である。だが世界一の大富豪、勝者アメリカ国は門戸をピタリと日本に閉じている。これはその固い閂《かんぬき》を外す困難な運動である。

「しかし国家が相手です、困難を極めています」と城戸。

というのも肝心の日本系人はホームレス状態のじぶんで精一杯だから、ほとんど無関心という。しかしその本音は「敵国人の日本人が勝者の政府を相手にするなど。とんでもない！」と後難を恐れて「さわらぬ神にたたりなしを決めこんでいる」のだと。

「たのみの綱は、日本系人口の多いここハワイです」

その気持ちはわかる。だがこれはなまじっかな覚悟でできる運動ではないことも、わかる。しかも長期におよぶだろうことも……。長男が生まれて、家族が作られつつあるとき。沖縄救援運動は最盛期だし、しかも布哇必勝会の苛烈な妨害は家族のいるカハルウにまでおよんでいた。現実、――断る正当な理由、はいくらでもあった。

城戸らはたたみかける。

「比嘉さん。ハワイにおける運動の柱になっていただきたい」「比嘉さん。あなたしかいない！」

＊

俊子は赤ん坊アルビンに乳を含ませている。そのまわりをうろうろする太郎に察しのよい俊子はいった。

「あなた、決めたんでしょ」

顔を見て、

「決めたら最後までやる。私はそういうあなたと結婚したのよ」

あっぱれ貧乏覚悟の野の花はこういうときにこそ凛と咲きほこる。俊子はどう工面したのか三千ドル、貧乏な農民でなくても大金を用意した。まさか！　とおもうが太郎はその金をそっくりそのまま運動にカンパ。そのうえとんでもない覚悟までした。

「私はハルサー（農民）だが、ことの重大さに農園は人に任せ、運動に全力を挙げて協力する決心をした」

自給自足の農園は太郎の信念、――不羈《ふき》独立の原資、しかも唯一の収入源なのだ。それを人に任せるという。

「ぼくは人々のために、世のために尽くす人になる」――九歳のじぶんにした約束は裏切らない。

常人にはとても正気の沙汰ではない。

莫大な犠牲を払ってまで開始した運動だが、日本系民衆の対応はハワイでも大方こうだった。〈終戦も間もなく（一年後）で、それもアメリカ政府が相手だ。さわらぬ神に祟《たた》り無し主義だった〉

イザというとき、そこにじぶんはいない――日本人普遍の生存の方程式である。

だが太郎はもう走り出していた。

さっそく、全米の強制収容所巡りの依頼人、JACLのジョー・正岡の講演会を開催。ありふれた講話でも聴くつもりで来たらしい人たちは、かれの理路整然と語る破廉恥な事実の暴露に大ショック「さわらぬ神にさわらぬゆえのたたり」をはっきりと自覚したようである。その正体は想像よりもはるかに強大であったのだ。そしてそいつと格闘するわずかな人がいて、じぶんがいるのだった。講演内容が残されている。

〈私がキルソー・ケネス・ハーンと出会ったのは一九四一年、日米開戦の直前でした。アメリカ在郷軍人会とＡＦＬ（American Federation of Labor＝アメリカ労働総同盟）の二大組織の主催で、アメリカ主義教育についての巡回講演が行われておりました。彼はその講師の一人でした。彼はここ、ホノルル日系人のスパイ活動とサボタージュを語り、日系人の危険性を強調しました（聴衆のどよめきと動揺）。しかし、私には反論の証拠が何もありません。そこで私はハーンにこんな質問をしました。

――ハーンさん、あなたは外国人だと聞きましたが本当ですか？

彼はそうだと答えて、朝鮮人だと言いました。

——ハーンさん、あなたは外国人課報活動法に登録されている宣伝活動員で、報酬をもらって活動に従事していると聞きましたが、それも本当ですか？
ハーンは顔色を変え、渋々事実だと認めました。
——サンキュー、それだけです〉
〝ハーン〟はどこにでもいつでもいる。衝撃《ショック》は、全米を網羅する巨大な二組織が外国人課報活動法に則り、つまり公式にしかもじぶんらの税金を使い、全米に「ジャップ・ヘイト」を煽《あお》り「ジャップ・アウト、日本人は日本へ帰れ！」の狂奔に自分らがさらされている、その事実にであった。連中の功は奏しヘイターどもは過激化し、いままさに日本人・日系人は危険にさらされているのだ。

豊かな貧乏物語

「うちは貧乏だったあ！」

太陽が体の中で笑いころげまわっているような晴朗気性の末子、エルシーの比嘉家貧乏物語のワンショットである。

「食後のデザートはね、一個のりんごを五人で分けたのよ！」

子どもは五人になっている。一個のりんごは俊子母に等分されて、芯は末子エルシーのものと合意されていた。

「芯には実がいっぱいついてるの！」

太郎父といえば――。

「良いプロジェクトに出合うと、惜しみなくお金を注ぎこんでいたので、家計はいつも苦しいものでした」

二つの運動は果てしないように長引いている。そこへ海波《かいは》のようにつぎつぎ新たな「人のため、沖縄のため」のプロジェクトがよせてくる。サイフは空が通常状態のわけだが、「でもね」とエルシー。

「母はそれに満足していました。私も子ども心にそれが当たり前とおもって育ってきました」

どこにでもあるりんご、けれどたった一個。俊子母は貧しいからこそ大切なもの――分けあうこころの豊かさ――清貧の回し着精神を子どもに授けたのではなかろうか。

一方、太郎は九歳のじぶんにした約束を裏切らない、そのきびしい生き方は波うちぎわの石のように丸くはならない。そんな父親は成長期の子に、ことに息子には峨々《がが》たる山だ。だが、そこに山があるから登るのではない。自分に挑戦し、自身を征服するべく登るのだ。

嶮《けわ》しい山と眼下にひろがる緑のすそ野。こんな環境に育った五人の子らの、山岳登頂の想い出と、たおやかな緑の草原・俊子母の日記がある。二つのプライベートな記録はじぶんに厳しい人間、――比嘉太郎の像を立体的に浮かびあがらせ、同時に五人の子がめいめいに不羈《ふき》独立していきながら、家族は勁《つよ》くてあたたかな一つになっていく、その愛と波乱とよろこびの道である。

子らはめいめい、自分の個性の筆によって家族の肖像を描いてゆく。太郎父の肖像でもサム(次男）が描く像はことさら強烈鮮烈、ゴッホの筆致を思わせる。

「あるとき税務署がきて、父にこう言ったんだ。家族は多いし収入はわずかだし、政府の生活保護を受ける資格がある、と。即座に父は、

「NO！」

はねつけた。「自給自足（self-sufficient）でやっていくことを欲する」と。

父は誇り高い人間だった。あのとき税務署に示したプライドが今日、ぼくら五人のきょうだいを〝一人で楽しく暮らせる（self-sufficient）〟ようにしてくれたんだ」

とはいえ、育ち盛り食い盛りの五人の子に、笑顔でやりくりする俊子母は内心こころ細いに違いないが、いかにも沖縄的におおらかだ。

長男のアルビンは母のやりくりの苦労をこんなふうに描いている。

「母さんは節約上手で、ときにはケチといえるほどだった。だが、ピアノでこころを一杯に満たしてくれた」

比嘉一家は音楽一家。俊子はピアニストを目指したくらいの腕前で、アルビンといえば一度目は聴き二度目は弾いたという。サムはウクレレの名手でエルシーと姉のポーリンは美声の持ち主、だったという。音楽から一番遠くにいたのは太郎父、兵隊時代に慣れ親しんだ駱駝《キャメル》（米国の紙巻き煙草）によるガラガラ声はどうにもならなかった。

神は貧乏な子に知恵をさずける。サムは小遣いほしさに精一杯知恵を働かせた。

「そう、思いだしたよ。母さんは五セントコインを封筒に入れて、僕らを教会に行かせたものだっ

左から、長男アルビン愛作、次男サム淳次、三男ノーレン健、長女ポーリン梢、次女エルシー雪子(撮影年不明)

一家で(撮影年不明)

た。あるとき僕は弟のノーレンにささやいた。『教会はやめよう、山城フルーツスタンドへ行こうぜ』ってさ。五セントでライフセーバーってキャンディー買ったんだ。母さんは気づかなかったが、僕はある時ふいに落ちこんだ。いのちを救う《ライフセーバー》じゃなくって、魂を地獄へ売ったんだ」

沈黙の俊子母はわかっていたにちがいない、――過ちはじぶんで気がついたときに意味になることを。

エルシーは太郎父を通してじぶんじしんの成長を語る。

「私が小学校一年生のときでした。父がスケート靴はほしくないかと聞きました。女の子たちにスケートが流行っていたんです。父さんがプレゼントを買ってくれるなんて、めったにないこと。だから、これは特別です！」

太郎父は既製品のおもちゃは決して買い与えなかった。ほしがる物は何でも手作りした。だから「これは特別」なのだ。エルシーはつづける。

「でも私はおもちゃの黒板がほしいと頼みました。学校ごっこがしたいからって。父は買ってくれなかった。代わりに、とっても素敵な黒板を裏庭に作ってくれました。九十一センチ×六十一センチの黒板は六年生になるまで、学校ごっこをさせてくれました」生徒はビンや人形たちだ。

「あるとき母はじぶんの古いハイヒールをくれました。それを履いたら気持ちは本当の先生になりました」

ここでサムが口をはさんできた。

「ぼくには一足の靴しかなかった。エルシーは比嘉家のイメルダ・マルコスだった！」（イメルダは現フィリピン大統領の母。元大統領の夫マルコスの不正蓄財で政変が起き、追われて米国に逃げた後に、夫人の高級靴が三千足もあって、世界をおどろかした）

兄たちは妹の学校ごっこをいやがった。

「おしゃべりな女先生がやかましくって眠れない！」

黒板は兄たちの寝室の窓の外、すぐそばにあった。この小さな事件はやさしいことばに覚えられている。

「母は、エルシーはいつか先生になるのよ、がまんしてあげてね、と兄たちに言ってくれたの。そのことをいまでも兄たちは話します」

エルシーは人形の生徒たちを卒業させて、やがて人間生徒の教師になるのだが、太郎父の厳しい一面を想い出して、微笑みが消えた。

「小学生のある日、私は姉のポーリンと乱暴で生意気な口を母さんに向けていいたい放題ついてました。それを父さんに見つかりました。私たちは人生最初で最後、たたかれました。お尻を手のひらで叩かれたのですが、私たちは、もう明日はない！　とでもいったふうに大声で泣き叫んだものでした。父さんはいいました。

『もう二度と母さんに生意気をいってはいけないよ』

いつもの私たちを叱るよりも失望したその口調に比べれば、叩かれた痛みはなんでもないことでした」

太郎父。遠目に峨々《がが》たる山は接近すれば巨《おお》きなガジュマルの樹《き》、豊かな枝を家族に翳《かざ》している。

五人の子はそのおだやかな緑陰の中からあるいは外から両親を観察し、自我を形成していくのだ。サムはかく語る。

「父は母を熱愛していた。父はカネオへの家にあっても、ワイキキのボートハウス（後述）にあっても、そしてリタイアしてからもいつだって、母の幸福を考えていた。ぼくはふたりの間に一度だって激しいことばづかいを聞いたことがない、……たまには言いあったようだが、そういうとき父はいつも受け身でいた」ことの原因のほとんどは、じぶんら子どもだったと。

――一個のりんごは木守りりんご。比嘉家族七人はりんごの木のてっぺんに一個、自然神にささげるまっ赤なりんごのように輝いていたのだ。

＊

ここで太郎の運動を整理しておこう。太郎が二十九歳に始めた沖縄救援運動は七年つづいて、決着は一九五二年。末子エルシー誕生の年である。また「移民法改正」と「強制立ち退きに対する謝罪と損害賠償請求」運動のうち、前者は同年六月二十七日、米国議会を通過。集めたカンパは全米六十四万三千百四十七ドル、うち太郎のハワイは八万八千百九十六ドル、署名は四万数千人にのぼっている。同じこの年、対日講和条約発効、日米安保条約締結。そして沖縄は米軍政下に置かれ、その諮問機関「沖縄諮詢会」を設置。委員長に太郎の知友志喜屋孝信がついた

太郎は書いた。〈大金が集まり、運動は功を奏して、日本人半世紀以上の宿願であった、移民法改正は達成され、米国に帰化権を獲得した〉。

日本人移民は（いま日本が外国人労働者にしているように）取り外し簡単な使い捨ての小さな

布哇歸化權獲得期成同盟

御寄附者芳名簿

取扱人

ハワイ帰化権獲得期成同盟署名簿。米国の歴史を変え、日本の移民史をも変えた

部品にすぎなかった。そうさせる悪法を過去形にしたわけだが、いかにも太郎、苦労のあとは沖縄救援運動がそうだったように、残さなかった。ただ俊子の日記に、

〈署名して下さった方にお礼状の宛名書き。毎日何百名も書くので腕が痛くてたまらない〉

と密《ひそ》やかにあるばかり。なにしろ四万人を超えるのだ。

しかし、これは始まりの第一歩に過ぎなかった。改正移民法はヨーロッパ系への移民割り当てが九八％に対し、日本人は年間わずか百八十五人。それも米国内の一世が優先である。

日本の日本人に帰化権が与えられるのは一九六五年。現在米国に四十二万人弱の日本人が活躍するとされるが、それは太郎らが、じぶんにはなんらの得もない運動を二十年余もつづけた、その恩恵であることを忘れたくない。というわけで比嘉家のりんご一個の物語はつづくことになる。

＊

ブギーッ！　ブギーッ！

豚の首を絞めたごとく、五〇年代フォードのしゃがれた

クラクションが絶叫。ボートハウスは土日がかせぎ時。開店は十時、裏オアフのカハルウの奥地からコオラウ山を越えてハイウェイを三十分。太郎父が早くしろと子どもを急《せ》かせる。

「私たち五人は毎朝こうやって父さんを待たせるの、必ずだれかが遅れるのよ。父さんついにあきらめた。開店は十一時に遅らせたけどね、十時も十一時も同じだった」とエルシーは笑う。

――ボートハウス。

それはホノルルのワイキキにほど近いアラワイ運河に浮かんでいた。家族が楽しみながらできるファミリービジネスを、と始めた貸しボート屋だ。そのとき一九五六年、太郎四十歳。人権運動のまっさ中。父亀三が七十四歳で没し、比嘉太郎一家は裏オアフのカハルウの奥地から、となりのカネオへ引越している。アルビン十歳、サム八歳、ノーレン七歳、ポーリン五歳、エルシー四歳である。

「ぼくらのおもちゃと喜びはボートハウス、そこで遊ぶことと働くことだった」と三男のノーレン。

ボートハウスと裏オアフのカハルウ奥地のホーム。子どもたちには大人へのベースキャンプが二つあった。そこには寛容な両親がいて、じぶんの高みへと登ってゆく子の出発の準備を、それとなくととのえ、見まもっている。太郎父は薄幸の子どもの時代をわすれはしない。子にふくふくと、長い人生の支えとなる至福の幼少期をすごさせている、たくさんのよい想い出を作ってあげている。

ブギーッ！　ブギーッ！

おんぼろフォードのクラクションの絶叫にバラバラと五人の子が出てくる。

アラワ運河に浮く比嘉家のボートハウス

ボートハウスの太郎

一家全員で

俊子日記。一九六一年五月三十日——朝から家族でボートハウスへ行った。晩にはよしみさんがたくさんパーラーの人を連れてきた。ボートはよく出た。

「母はお客にあいさつしボート代をいただく。BOYSはお客がボートの乗り降りを助け、船底のフジツボを取り、ペンキ塗りなどをする。GIRLSはソーダマシーンを満たし、カウンターを清潔にするの」とエルシーは思い出のボートハウスを案内してくれるのだ。

家族総出のボートハウス。このうえなく晴れわたる大きな空から、色とりどりのピンポン球を千個もいっぺんにぶちまけたぐあい。明るくにぎやかだから、いっぺんきた客はまたきたくなる。さみしくなるとあたたかな雰囲気を求めてやってくる。俊子といえば、今日はボートが多く出たし、パーラーのお客は多かったしで、よろこんでいる。子どもはもっとよろこんだ。そういうときには沢山のおかずがテーブルをにぎわしたから。

比嘉家の温《ぬく》とい貧乏物語《りんごいつこ》を語るサムの目は遠くを見ている——。

「ぼくはいつも喉が渇いていた。外から帰って冷蔵庫を開けると、母さんは二リットルのオレンジとか、グレープのジュースを作っておいてくれていた。うちは金持ちの家族じゃなかったが、五人の子どもに十分のジュースがあった。節約のために水でうんと薄めてあるけどさ」

そしていっそう遠い目になった——一度きりの人生を抱きしめるようにいう。

「ぼくはやさしい気持ちで思いだす、……いまでも、……母さんが子どもたちを思うことは、母さんのほんとうに重要なことだった」

長女ポーリンは、にぎやかな妹エルシーとはちがった魅力、——静寂な眼差しと静かな口調に、

比嘉一家（1960年頃）

かの女の内面が現れている。

「私が大学生のあるとき、父にききました。家族がボートハウスから家に帰った後に一人残って働いていて、寂しくない？

『……ときどきさびしいよ、けどね、働かねばならない。家族をささえ食べものをえるために、着る物、学校、家のことなんかのお金をかせぐためにね』

父の答えは私をおどろかせました。社会につくしてきている父が、本当に望む最高のことは、家族のために、だったのです」

親に子は天使である。子に親は天使であらねばならない。五人の子のこころに太郎父の肖像が、俊子母の肖像が、くっきりと刻まれている。イコンのように……。

ことばを焼く

俊子日記。一九六四年十月二十四日――泥道で下駄でこけてひどく足をくじいてしまった。タイムススーパーで足を引きつつ買い物をした。

まだ四十五歳、若さゆえだろうか、この事故を体調異変の兆候ととらえなかったのは失敗だった。いっぽうの太郎といえば、一度は死を覚悟したほどの心臓病み、というのに兵隊時代に三度の野戦食のたびにつく、毒の一番強いという煙草を不摂生に吸いまくっている。どうも調子がよろしくない……

俊子日記。一九六四年十二月三十一日木曜日――家族でボートハウスへ行った。忠夫(俊子弟)が賢坊(同)を連れて来た。賢坊はアルビンに靴をくれた。安里から美味しいおもちをいただいた。

大晦日《おおみそか》である。分けあう暮らしはにぎやかに暮れてゆく。

俊子日記一九六五年一月一日――昼もボートはよく出て夜もたくさん出たので、ほんとに良い年の始まりである。

みごとに澄んだ空の下で、色とりどりのピンポン球玉たちはにぎやかにはじけている。

〈新日劇へまひこはんを見に行った。とてもゆかいな映画で、倍賞《ばいしょう》千恵子と橋幸夫のものだった〉

俊子日記一九六五年一月七日――朝に母（俊子の母知念チヨ）がテンプラを焼いて下さり、お寿司を巻いて下さった。夜中二時半までボートハウスに働いた。

遠いカウアイ島からわざわざ来てくれた母のこころの海に、沖縄とサイパンの戦争に散った、二十人もの肉親親族がいるのだが、それは深みに沈めている。

その翌日はなんと朝四時まで働いている！　ボートは十六隻を回転させる。手こぎは一隻一時間わずか七十五セント。裏オアフのカネオへの奥地の家《ホーム》へと帰ると夜明け、俊子は疲れただろう、その日の日記はただひとこと。

——今日はボートがよく出た。

両親の寝室の片隅に、小さなテーブルが一つあった。

「お母さんはそこで毎晩日記を書いていました。私はまだ小学生のときでした。テーブルの横にベッドがありました。父さんがボートハウスで遅くなるとき、私はベッドに飛びこんでお母さんとおしゃべりをしました。ベッドにはスタンドが一つあって、……お母さん、いまでもそのあたたかい感じがまぶたに浮かんできます……」

あたたかい灯りは母の永遠の愛。

俊子日記。三月二十四日——エルシーは学校からイースターカードを持ってきてくれた。本当に可愛い子。

写真の幼いエルシーはディズニーアニメの〝小鹿のバンビ〟を思わせる。

子どもは大人への道すがら、ふと立ち止まり、ふり返って、——あれはじぶんの成長に避けて通れぬ試練だった……、とゲンコを感慨ぶかくなつかしむものだ。母俊子はわが子のそんな成長過程を日記に覚えさせている。

俊子日記。一九六五年一月十日——朝から雨。ボートハウスは休み。ピアノを弾いたりルームを掃除したりした。アルビンと淳次（サム）が大げんかをして二人とも歯から血が出た。

俊子日記。四月七日——ノーレンとエルシーが大げんかをした。ボートハウスはひまだった。

俊子日記。十月十八日——アルビンとノーレンが大げんかをした。ボートハウスはひまだった。

ケンカのときはいつもひまなとき、ガキどもはこうやって男へと成長してゆく。ケンカの息子は入れ代わり立ち代わりいそがしいが、その目撃者俊子母は十一人ものきょうだいの一番上、親代わりもした経験から少しも動じていない。洗濯をしたりピアノを弾いたりしている。

瞬時にすぎゆく子どもの時を覚える母の日記だが、意外なできごとをサムが明かしてくれた。

「テツロウセンセイ（図らずも筆者の名が出ることになった）が読んでる母の日記は、ぼくが救い出したものですよ。日本語だから読めないが、大事なものとおもったから」

俊子は数十年にわたる日記を火中に投じたというのである。従兄弟の学者、比嘉正範が「沖縄女性移民史の貴重な資料になる」といった記録を灰にしてしまった。その惜しむべき行為の理由は、だれにもわからない。

——火刑からいのち拾いした数年分の日記、サムのとっさの機転に救われたことばが、五人の至宝の子どもの時を、今、よみがえらせてくれている、家族の肖像を描いているのである。

10　民族の気高い叙事詩

映画を作る

俊子日記。一九六五年四月二十五日――新里家が晩にたくさん古着を持ってきてくれたので、ポーリンとエルシーはあれを着けたりこれを着けたり大喜び。

沖縄救援運動の支柱、帰化権獲得運動のハワイの要《かなめ》の太郎。かれの家族はいまも清貧の回し着精神に支えられているのだ。そうしてようやく安寧の時がきた。その太郎を沖縄の自然神はマークしていた。

――ぼちぼちつぎの大仕事をさせようか。

太郎四十九歳、日本だと数え五十歳、大厄の五月のある日。それはホノルルＫＩＫＩ放送の親川喜栄の電話に始まった。

「今年はハワイ沖縄移民六十五周年、沖縄からＹ氏が記念行事を映画に撮りに来たが困難を極めている、相談に乗ってほしい」というので会い話を聞くと、「ある先輩の策動で当てにした資金が得られず沖縄に帰る」と落涙。このとき太郎の脳裏には、あの『布哇《ハワイ》沖縄県人発展史』の消失の無念がよぎったに違いない。即座に太郎はいいきった。

「私が資金面を負う」

よろこぶYを、「ただし」と制した。

「記念行事を撮るだけかね？　それだけではいけない。この映画は、みずみずしい青春が金銭製造機になってフル回転の汗泥にまみれ、陽に焼かれ、摩耗し、錆《さ》びついて、そして人間に回帰するまで」、ここで太郎は鋭く釘を刺した。

「この映画はその気高い叙事詩でなければならない」

熱っぽく説くこのとき、太郎の胸中には「人間は金銭製造機ではない」と罵られた父、亀三がいたのではないか。青春の亀三は農奴に耐え、成り上がり、失敗し、結婚し、家族を作り、衰え、そして名もなく消えていった、祖先になった、骨神《フニシン》になった。移民はみんなそうであった。そしてここに「私」がいるのだ。――映像は語る、見た者は、聞いた者は、つぎへつぎへと語り継いでいく。その長い歳月に耐えうる「気高い叙事詩」でなければならない、と太郎はいっている。

太郎はかつて百大隊リユニオン（同窓会）のとき、「嬉しそうですね！」と戦争を知らない若い記者にきかれて、「ハイ」と答えるしかなかった、あの苦い思いがある。しかしその心境は、「私たち自身が披瀝する術を持たない」のだった。「それを第三者が伝え得るはずがない」もどかしさ――戦争に限らず、体験者の体験を、体験しないものが体験できるのか――「伝承」の根源的課題である。映画製作はその課題への挑戦でもあったのではないか。

棄民とまでみくだされた移民の気高さ、その叙事詩――これをYは理解したかどうか。

太郎はYに映画の結論らしきを描いてみせている。

「希望は虹ではない、場所がある。沖縄の青春たちよ、島人《シマンチュ》よ、いざハワイに来たれ！　先の見えない現代の若者たちに、希望の地を指し示すのだ」

そしてふたたび言い切った。

「そのようにウチナーンチュの未来に価値があるものとするなら、資金は全面的に自分が持つ」

とっさ的に同意したYの軽さに不安を感じただろう太郎だが、気持ちはすでに始動していた。すぐさま製作に入った。

不安は的中した。戦争の壊滅から経済的復興を果たしつつある沖縄のYは、大切なものを置き去りにしてきたようだ。老い入《い》って、錆びついて、極度に摩耗した金銭製造機にただよう気高さを感じるこころが、ないらしい。したがって敬意もないのだった。

――敬意（尊敬）の意味は日本語よりも英語に具体的である。respect――後ろを〈re〉見る〈spect〉。すなわち敬意（尊敬）、とは祖先をふり返って見ること、すなわち回帰することなのだ。そして回帰は――revolution「革命」である（研究社『新和英中辞典』）。敬意（尊敬）とは、怠惰に眠る精神をたたき起こす革命の力、だがYは眠っていた。太郎は即刻決断。

〈じぶんの意のままの映画を作るために、氏には給料を支払って手を引いてもらい、映画制作機材の一式を買い取った〉

おもえば比嘉太郎という人は大きな運動に入るとき、常人には度しがたい決断をいつもしてきていた。帰化権獲得運動のときは「ことの重大さに農園は人任せにした」のだったが、今度は映画製作にとんでもない決断をしたのだ。

「これは沖縄人の未来に大切な記録だ。妻に手伝わして、ボートハウスは閉店してでも、一緒に撮影に出かけよう」

九歳のじぶんの裏切り者とならぬために、そのたびに一切をなげうつ比嘉トーマス太郎。――かれじしん天晴《あっぱ》れな叙事詩といっていい。映画大好き人間だがとはいえ製作はずぶの素人、しかも費用は半端じゃない。低く見積もっても二万五千ドル。この数字は比嘉家にいったいどんな価値か、エルシーに訊《き》いた。

「そのころうちの生活費は三十弗《ドル》でした。一週間で？　ノー、一か月です」

これを生活費に換算するとすれば八百三十か月分。かつて「生活保護を受ける資格がある」と税務署がいったくらいの暮らしだからまわりは案じた。これに太郎はこう応えただろう、こころの中で。

――水車発電、三つの男女青年会設立、二つの会誌発行、ハワイ青春の琉球盆踊り、地球一周に匹敵する日本系人強制収容所巡り、沖縄地上戦争住民救出、沖縄救援運動、豚の海わたり、日本人の帰化権獲得と強制収容の謝罪と補償要求。――どれもこれも、みんな貧乏なずぶの素人がやったんです。九歳のとき、じぶんにしたあの約束の地、巨《おお》きなガジュマルの樹《き》の下へ、私は胸をはって還りたいのです。

俊子日記。五月二十七日――沖縄展を見に行ったが、絣《かすり》や芭蕉布が三十弗《ドル》以上もする、目玉が飛び出るほど高い、お店を飛び出した。でも本当にあの絣には心を惹かれた。

ひと月分の生活費だ。俊子はその帰路博文堂書店に寄り雑誌『オキナワグラフ』（一九五八年創刊）を購入している。沖縄が後ろ髪をひく、そんな切ない気持ちの慰めをせめて、沖縄の写真にもとめたのだろうか。その俊子が太郎を支えている。

「映画の冒頭は空から多民族社会ホノルルの俯瞰《ふかん》、これは沖縄移民の子孫が世界の島人・ウチナーンチュになった暗喩でね。そして一転、人の中へ。まっ赤なムウムウのウチナーンチュの笑顔をアップ――それはきみにお願いしましょう」

と普段着の赤い派手なムウムウ姿の俊子にいった。たかだかムウムウを新調する金にも事欠く暮らしぶりだった。その翌日。

俊子日記。一九六五年十二月七日――朝に銀行へ行きたくさんのお金を借りた。空撮《くうさつ》の費用である。常人には信じがたいことを夫婦そろってしている。

映画作りの素人は悩んでいた。借金はどうにかなるだろうが、想像力は工面できない。――金銭製造機はへこたれなかった。ウチナーンチュはいざとなると底力、負けじ魂を噴出する――映画の見せどころである。が、それは「これだ！」とばかりにまぶしい表現がちっともひらめかない。沖縄移民《いみん》六十五周年《いっせ》記念行事パンフレットには八重山出身・早稲田大学総長の大濱信泉《おおはまのぶもと》の挨拶と、氏揮毫《きごう》の記念碑除幕式とある。その巨石には「四海兄弟《しかいけいてい》」の文字がぐりぐりと深く刻まれている。太郎はつぶやいている。……巨石は地球圧力と闘った数億年の歴史書だ。金銭製造機たちはつぶされるたびに密度が濃くなり、どっこいこうして立ち上がった。ウチナーンチュの底力は計り知れない。

そして頭をかかえこむのだ。

「計り知れないものを、どう表現するか……」

計り知れないものは泉水口《せんすいこう》の自然神頼みとなるわけだが、神さまは沈黙を決めこんでいる。そこで思いつきをやってみるがダメつづきで悶々《もんもん》とする。フィルムは撮り直しがきかない、しかもカラーであれば費用はべらぼうで、気持ちも経済も追いつめられていく。その上そのころ、三人のBOYSは、やっかい極まる反抗期に突入ときた。世界中の家族が経験するあたりまえの、しかし当事者にとってはまことに深刻な、父と子の確執に家族の空気が張りつめていく。

近い母、遠い父

平凡者とは、こういうときに偉大なる非凡力を発揮する存在である。母であり妻である女は両極端間のクッション、無意識的に穏やかなる調和人《ハーモナイザー》となる。

家族の肖像を描く五人の個性の筆のいきおいは表現のむずかしい場面にさしかかったようである。

サムはいう。

「ぼくらはきびしい父を恐れていたので、コミュニケートするのがむずかしかった。父が〝ヤカマシイ!〟とニホンゴでどなると、もう話そうとはしなくなった」

3BOYSの中でもなぜだかサムは太郎父との溝はことさらに深く、「無視されている」と悩んだという。自然無口になった。なにしろオヤジの圧伏に子は反抗か沈黙で応えるよりしかたがない。

「そうだったので、母さんは父さんとぼくの間に入って、仲立ちをしてくれていた。たった一人、ぼくの深いこころをともにしてくれた人、それは母だった。もし、おちついたなぐさめをくれる母さんがいなかったとしたら、いまのぼくもぼくらもいないとおもう」

　ノーレンにも俊子母は太郎父と対照のようにあったようである。

「ぼくたちはいつも母の〝思い出話〟を聞くことができた。みんなで競いアルバムに頭をつっこみ、ぼくたちの子ども時代のこと、母が沖縄で育った日々のこと」。俊子は積徳高等女学校に留学。戦前沖縄の唯一の私立女学校だが、沖縄戦で焼失した。ノーレンはつづける。「ホームシックになって、病気になって、カウアイ島の父母の元に帰ってきたら、たちまち元気になったこと。ことに大家族のことなど、思い出に笑いこけたり……」。

　そのかたわらに例の表現がぜんぜん閃《ひらめ》かない太郎父はしかめ面で沈思黙考……。声変わりしてもはや可愛げの失せたＢＯＹＳに〝ヤカマシイ！〟とどなる。その声は煙草にかすれて子らにはど迫力。ノーレンはいう。

「ぼくらは父から遠くにいた。ぼくは父とただ二人だけの時間を過ごすのをとても恐れた。ぼくはいったい父と何を話し合えば良いのかわからなかった」

　父と息子は近いが遠い地点に立っている——これは世界の父と子、共通の悩みだろう。だがガジュマルの樹陰は広い。ポーリンは別の地点にいた。

BOYSにはきびしく、GIRLSにはやさしく、そして母にはこよなくやさしく、これが父でした

「夕方、私は父とよく家のまわりを散歩しました。父はいつも下駄をはいていて、カラン、コロン、とひびかせました。私たちは銀河を見あげながら、きょうのできごとを話しあったものでした」。そしていう。「ＢＯＹＳにはきびしく、ＧＩＲＬＳにはやさしく、そして母にはこよなくやさしく、これが父でした」。

ＢＯＹＳは厳しさに反抗する。だが親には人生経験という重い分銅がブンブンとあってはじかれる。太郎父は思春期どもにじぶんの経験を聞かせている。「おまえたちと同じ十代のとき、私は自転車でオアフ島一周二百キロを回った」と。いまは観光サイクリングツアーもあるようだが、太郎のときは道路も自転車も格段に劣っていたはず。少年にそれは厳しい冒険だったにちがいないが、さすがは反抗期ども、いったものだ。

「だから？」

ノーレンなどは「そんな馬鹿げたことをした理由は、なに？」とまできいた。その回答は簡明だ。

「やったんだ、他人の真似じゃないことを。他に答えはない」。

これがオヤジの回顧談に終われば反抗期どもはなんてこともないが、「じぶんの弱点と強みを知るには、冒険が一番」とBOYSを「馬鹿げた冒険」に放りだした。

「父はぼくらをカネオへの奥地からワイキキのボートハウスまで、歩いて行け、と挑ませたんだよ。約三十キロを、しかもふだん履き、ゴムゾーリで！　そのときぼくらは十五〜十八歳だった」（ノーレン）

じぶんの始末にも困る思春期・反抗期の3BOYSは、馬鹿げたことをさせる親父がまったく理解できない。こんな時ばかりは思うのだ「短い青春をむだづかいさせやがる」。面白くないが、なにしろ相手は権力だから、シカタガナイ。反抗期どもはぶつぶつ不機嫌に歩きだした。

「一・六キロのウィルソン・トンネルを歩くとき、細心の注意力、集中力が要求された。たくさんの車がぼくらのバカな行為に警笛を鳴らし、ドライバーにどなられた」（ノーレン）

この危険なトンネルで、じつは太郎は自動車事故を起こしていた。子の冒険を俊子母は日記に覚えさせていた。

俊子日記。一九六五年十二月十八日。――午前五時に起きてBOYSはワイキキのボートハウスに歩いて行った。じぶんはたくさんの洗濯をした。久しぶりにピアノを弾いた。

息子の冒険に心配の様子はさらさらない。いそがしく洗濯をしてのち、借金の心配も、にぎやかな食卓の工面もわすれて、のんびりとピアノを楽しんでいる。そうしているうちにBOYSはボートハウスにぶじたどりついた、冒険をやりとげた！　しかしさすがは反抗期ども、ゆれる甲板でいい放った。

「だから？」

体験の経験化、——やがてじぶんの冒険に意味を発見するときがくる。

「父はぼくらに、他者《ひと》とは異なることをやり遂げた、この感覚《センス》を、獲得させたのです」（ノーレン）

太郎は子によくこう言い聞かせたという。

「何になろうとよい。だが始めたら最後まで最善をつくしなさい」

芽吹き

サムに大きな事故が立てつづけに起きている。太郎は客がいないと運河沿いに歩いて三分の、映画にも登場する安里ジョージの店、ＫＣドライブ・インにいる。ボートハウスが見とおせる大きな窓の側でコーヒーを飲み、煙草で肺をいためつけながら、談笑したり思索ゲーム、チェスを楽しんだりしている。

その日もひまだった。ボートハウスに独りのサムはいらいらしていたか、床のナイフを裸足でけっ飛ばした、ズバッと切った。足裏のつま先から踵まで傷は深かった。

「ものすごく痛かった、……血がどばどば吹き出し止まらない。父がすぐそこＫＣにいる。でも連絡する方法がない。ぼくはいま死につつある、恐怖が奔《はし》った」。混乱の中で思いついた。電球を点滅させた。

「父さん！　ぼくを見てくれ、ぼくに気がついてくれ！」

ようやく太郎は異変を察知した。

「かけつけた父、救世主だ、とおもったとたんに感情が爆発、ワッ！　と泣いた、泣いた。もう大丈夫だ、ぼくを救うために父がいる！」

同じその年、また事故が起きた。そのときも二人だった。二人はデッキに上げた「モーターボート・25」を修理していた。太郎父はボートの下でスクリューを取り外そうとしていた。

「ぼくはちょうど、エンジンスイッチのそばにいたんだよ。父が何かもぐもぐぼくにいった。てっきりスイッチを入れろ、といったと思って入れたそのとたん」

「アーッ！」

「ぼくは父の指を吹っ飛ばした！　血まみれの父はとても痛がっていた！」。おびえる息子だが、

「父はじぶんを責めたんだよ。スクリューの回転をブロックしておかなかった、じぶんが悪かった……」。そのとき反抗期は知った。

「この広さが、平静さが、ぼくら家族を落ち着かせてくれている。この父がいるので、家族は安全で落ちついた世界に生きることができている」

父親は巨《おお》きなガジュマルの樹《き》、その緑陰にまもられていると気がついたとき、父子の距離はぐんと縮まった、反抗期を克服したのである。幸い太郎の指は無事だった。サムはいう。

「その時だった、ぼくは父のようなエンジニアになる、と決めたのは」

ノーレンはいう。

「父と一対一になることを恐れて悩む私はふいに気づきました。父は私をつきはなすことで〝他者《ひと》の後ろについていくな、他者《ひと》とは違ってあれ〟と励ましてくれている。父は私の中にあって、私をわたし自身へと、導く光になってくれていたのです。私は自分はじぶんであることに覚醒しました。そのときはじめて、じぶんを力強くおもいました」

峻険《しゅんけん》な山の挑戦者は、足がかりを全幅に信頼して自分を託したそのとき、道が定まる。ノーレンは人のためにと医師への道を歩みだす。かれには永遠の山を仰いでいう。

「私は麻酔医師としての医学、その四十年の経歴をへてなお、その男、ことばではつくせない男を誇ります」

長男のアルビンは劇的な経験をさせられている。十一歳でカウアイ島の親戚へ一年間、「置き捨てられた」のだ、三歳の置き捨てがトラウマになったはずの太郎父に。太郎がそうだったように、この異常事態がアルビンはずっと理解できずにきてずいぶん後、親戚にたずねている。すると簡単に「おまえがヤマグァー（暴れん坊）だからだよ」とてきとうな返事。納得できるはずもない、つらい経験をしたようである。――筆者は太郎のトラウマの深い底まで潜水できていないできもしない。アルビンについても同様である。そのかれが「僕は父の右腕だった」と誇るのである。これを俊子母の日記は裏づけている。

俊子日記。一九六七年六月五日月曜日――夫は撮影で留守。夕方からたくさんボートが出始めて朝の四時頃までボートが出た。今年初めてであった。アルビンが父代わりとなり、責任をもって仕事をしてくれる。

「ボートハウスを廃業してでも」と始めた一大事業、映画製作に終わりは見えてこない。その父をアルビンは支えていた。かれのトラウマがいやされる時がくる。

アルビンは大学時代、ある事業に成功している。おんぼろトラックの太郎父に高級車キャデラックをプレゼントした。そのとき太郎は息子になんといったか。

「モチベーションを大事にしなさい。結果を案じると行動しない。だいじょうぶ、失敗は成長の豊かな肥料、おまえに失敗はない。だから成功を誇ったり見せびらかしてはいけない」

これにアルビンはいたく傷ついたという。が、ある人の語る太郎父の本心を知り、救われることになる。

「君のパパは、高級なキャデラックではなく、息子の君をみんなに自慢しているよ」

3BOYSはそれぞれに反抗期をのり超えていった。

BOYSに厳しい太郎父だったが、GIRLSにはこうだった。

撮影がないと、太郎はボートハウスに深夜まで時には夜明けまで、あの毒ガス、煙草をふかしながら一人働いている。

「父は夜おそくにボートハウスからもどり、つかれているのに、ハーブ・ティーをお母さんに作ってあげる。知りあいの中国人の奥さんが教えてくれたとおりにハーブを煮たてて、関節炎に悩むお母さんの脚にきく、特別のお茶をいれてあげる……」

多感な中学一年、エルシーはそんな太郎父のふかい愛を見つめて教師へと芽吹いていく。

長女のポーリンは太郎父から気高い宝石をいただいたようである。
「中学生のある日、私の親友の兄が先生を刺しました。親友は困惑して私に電話してきて、何が起きたかを知ったのです。それはハワイで大変な、ショッキングなニュースになりました。そのとき父は私にこういったのです。

――ポーリン。友達と一緒にいてあげなさい。一緒に歩いてあげなさい。そしてきみができる方法で友達を支えてあげなさい。彼女の兄がしたことで、まわりの人たちは彼女と家族を孤立させるだろうからね。おまえの友達はいま、以前にも増して、おまえを必要としているんだよ。

私は憐れみと共感とそして思いやりをもち、私を支え導いてくれる父を、とても誇りに思い感謝しました」

巨《おお》きなガジュマルの樹《き》のすずしい緑陰に育つ子は、やがて炎天の外に出て、じぶんも豊かな緑陰をおとすだろう。

アルビンはチャーチカレッジオブハワイ（現BYU＝ブリガム・ヤング大学）で数学の理学士号、現在ビジネスコンサルタント。

サムはハワイ大学で土木工学士号を。

ノーレンはハワイ大学で理学士号、医学部（ジョン・A・バーンズ医学部）で医学博士号。麻酔医師。

ポーリンはハワイ大学卒業後、ホノルル市および郡の不動産アナリストに。

エルシーはハワイ大学で教育／日本語研究の学士号と修士号。日本語教師になった。

スリー BOYS。右から父太郎、長男アルビン、次男サム、三男ノーレン

5人きょうだいの近影（ハワイ）。左からアルビン、エルシー、サム、ポーリン、ノーレン。すでに太郎父も俊子母もない

子らはそれぞれに成長をとげていく。いっぽうの太郎は停滞していた。映画はいまもって完成せず呻吟《しんぎん》がつづいているのだった。

＊

俊子日記。一九六六年一月二十九日――寒い。朝に農業成功者の照屋孚俊《ふしゅん》さんのパパイヤもぎを映画に撮った。晩にはたくさんボートが出た。家に帰ってパンにミソスップを飲んで寝た。……遠くの方で夜明けを知らせる鳥の鳴き声。

一日を働きつめている。それに、俊子が日記に情感を表すなどめずらしい。ボートはたくさん出たし、明日の食卓はにぎやかにしましょう……、つましい幸福にいかにもしあわせな俊子母である。

一年はたちまち過ぎた。

俊子日記。一九六七年五月一日――上原《うえはら》でまた映画の録音。KOHO放送局へ行きそれをレコードに作ってもらった。

この日で、素人の映画作りは丸二年である。

俊子日記。十一月八日――ワイアナエに行き、外間勝美さん方のブタを映画に収めた。

沖縄人にはやはり豚。豚がいない沖縄は気がぬけたオリオンビールなのだ。このとき移民六十五周年の行事から、つまり撮影開始から二年半が過ぎたが、いまもあの難題「ウチナーンチュの負けじ魂」の表現がひらめかないでいる。この日カウアイ島の俊子の親から三十弗《ドル》が送られてきている。金欠症の幾度目かのワクチンである。

俊子日記。一九六七年十二月二十五日――クリスマスカードがたくさん来た。この年も一個のりんごの一年が慌ただしく過ぎていった。そんな中でも映画好きの太郎は家族そろい、毎週のように映画を観にいっている。この日は二本立て。二人は「名もなく貧しく美しく」（松山善三初監督、一九六一年）の小林桂樹《けいじゅ》と高峰秀子演じる夫婦愛にじぶんをかさねて感涙し、俊子は「かあちゃんと11人のこども」（五所平之助監督、一九六六年）にじぶんの十一人兄弟をかさねてそっと涙をぬぐうのだ。そうして裏オアフのカハルウの奥地ににぎやかな夕食がすむと、アルビンはピアノに向かう。サムがウクレレで伴奏し、歌う母にポーリンとエルシーが合唱する。――遠くを見る眼をしてサムは俊子母を甦らせる。

「母の話す声、歌う声は格別だったなぁ……。ユニーク……澄み、響き、強く魂がゆさぶられたものだ」

太郎といえば煙草で室内をけぶらせ、頭の中は「ウチナーンチュの負けじ魂」この難問で曇っている。

一九六八年。あのハワイ沖縄移民六十五周年の式典からすでに丸三年もすぎている。だがまだ映画は完成しない。制作が長びくだけ借金は増える道理。太郎は深刻な経済の困窮状態を明かしている。

〈私は財政が豊かで製作したのではない。そのために生命保険など払う余裕がなかったので、無効が言い渡された。それればかりではない。住んでいる家屋敷も債権者から差し押さえられて、競売されることになった〉

楽天気質の太郎もさすがに肩を落としたようだ。しかしこの人に筋金入りの貧乏耐性人、俊子あり。あたたかくもきびしいオーラを放つ。

「始めたら最後までやり遂げる、それがあなたでしょう」。そしていった。「私はそういうあなたと結婚したのよ」

きわめつきのひと言が、沈む太郎の浮き袋となった。

というわけで経済危機はどうにかのりこえた。しかし映画の見せ所の一つ「ウチナーンチュの負けじ魂」。この映像化に幾度も失敗、でも妥協しない。くじけない。その太郎を人は――彼こそ計り知れないもの、ウチナーンチュの負けじ魂と見ていた。協力者があらわれ、しだいに数を増していき、サトウキビ畑での労働者など延べ千五百人を数えるに至っている。その中に沖縄の留学生が三人いたという。沖縄救援運動に精魂をかたむけた沖縄が、留学生を送り出せるまでになっていた。若々しい沖縄が、こんどは太郎を助けている。

沖縄の気品

難問にとうとう太郎は両手を上げた。助言を求めて映画の専門家という宮本ハロルドにラッシュを観てもらった。ところが宮本は〈黙って観て、黙って帰った〉。

「失敗だ!」

なにしろ四年もかけてきたのだ。相当がっくりしたようだが、奇跡がおきた! ついに「計り知れないもの」がくっきりと姿を現したのである。この時のことを俊子が記している。

俊子日記。九月二十三日。——宮本さん一家がボートハウスにきて、太郎、あんたの探しものはこれだ、とじぶんで撮影したフィルムを分けて下さった。

さっそく上映、すると冷静な太郎が大興奮。

「アィ！　これだ。ウチナーンチュはこれだ！　ふだんはのろくて見ちゃいられない。だがふつふつと滾《たぎ》っている。ウチナーンチュの負けじ魂《まぶい》！　ウチナーンチュの底力《すくぢから》は、これだ！」

それはハワイ島キラウエア火山。紅蓮のエネルギー、マグマ。ガソリン的一瞬の爆発ではない。他は沈黙せよ！　赫赫《かくかく》たるねばりの大河、灼熱《しゃくねつ》の溶岩《マグマ》は平和の海、パシフィックオーシャンへと向かう。そうして一旦凝縮したらその頑固ったらどうだ！　これぞウチナーンチュの底力、負けじ魂でなくしてなんなのだ！

難問はこうしてクリアした……。だがしかし、まだなにか足りないのだった。それをハワイ島へ探しにいって、上半身裸のポリネシアン男に遭遇。赤銅色に焼けた身にただよう気品にインタビューを思いついた。男はやさしい声でとつとつと、歌うようにいった。

「オキナワノ、人タチハ、キダテガ、ヤサシク、人情ニ、アツイ人タチ、バカリデ、ワレラ、ハワイ人ト、ヨクニテ、オリマス」（原語はポリネシア語）

霊感がつきぬけた。足りないものはコトダマ——、魂にひびきこころをゆさぶる言霊であった。それはあの廃屋がただよわせていたもの、さすがの沖縄地上戦争も破壊が叶わなかった、——じぶんでは気がつかない、でも気がつくと失なわれてしまう「沖縄の気品」である。これをポリネシアンは沖縄の自然神が天につながる神木を通して語るように、素朴に歌ってくれたのだった。
映画はもう成功したも同然となった。

＊

ハワイ島コナのコナ・コーヒー農家、嘉数箸次《かかずはしじ》の農園を撮影――コナ・コーヒーはいまでこそブルーマウンテンにならぶ高級豆だが、嘉数の娘さんによると、かつてはチープ・コーヒーの代名詞だったという。嘉数はその豆の品種改良に一身をかけ、一流のブランド種に仕立て上げた無名の功労者であった。だがこの事実を知る者は、まずいない。かれは農業のかたわら、敗戦後の沖縄独立を使命としてかけ回ったことの方では知られている。

〈木に繋がれた馬が自由になって川へ水を飲みに行けるというのに、自ら繋がれようと首を出すばかもの〉

盛り上がる日本への沖縄復帰運動――反自立・反自律指向に対する痛烈な批判であった。沖縄戦争時には投降勧告ビラを自費製作し、米軍機に撒《ま》かせたりもしている。書き遅れたが、かれは徴兵拒否移民であった。

一方の太郎は政治的発言はしないが、この十歳年上の箸次とは親友同士であった。

＊

いよいよ撮影は終盤シーンに入った。見えないコトダマを見るシーンである。

――北中城村島袋《なかぐすくそんしまぶく》出身の與儀《よぎ》さん一世老夫婦。しわくちゃな、ひからびた、はずかしげに正面をみつめるその風貌は、誠実な風化の時間の物語である。曲がった腰、ちぢんだ体、二人の全身にただようものは、人間の気品、美しい。二人はウチナー口《ことば》で精いっぱいだろう、そのしずかな言霊《ことだま》にこころが清《す》む。

「昔のことうむぃねー、涙がいっぱいで話すこともできないわけであります」（昔のことを思い出すと涙がいっぱいで話すことができません。以下意訳）

「ウチナーを出る時、二、三年で帰ってくるつもりでしたが、ハワイに行ってみたら、ことのほか牛、馬みたいな扱いされてあわれで……。朝夕、沖縄に手を合わせて泣いて暮らしました。じぶんの手は仕事をした手だから、指もちん曲がっています。今では子供、孫たちが大きくなって、日々、食べることが楽になりました」

嘉数箸次と比嘉太郎

むかし、青春は旅立った。志を果たしていつの日にか還《かえ》らん、生まれ島、わがウチナーへ。うなりを発しフル回転した金銭製造機はアッという間もなくすりへり錆《さ》びついた。けれども心配ない。画面の四方八方からぞくぞくと新しい種族――子が、孫が、ひ孫が、四つの世代が、大家族が集まってくる。二人が六十年で五十人あまりになっている。そして老い入った創生者はふかくふかく、新しい種族たちに頭を下げるのだ。若い沖縄に感謝と別れのあいさつをするのだ。あとは任せたぞ、と。

　このシーンはすべての移民への、そして太郎の父亀三、母カナへのオマージュであろう。太郎は制作にあたり言ったのだった。

「この映画は、汗泥にまみれた青春の金銭製造機が、人間に回帰するまで。その叙事詩。未来人へその先へさらに先へ伝えられてゆく、気高い叙事詩でなければならない」と。

亀三は〝白い鬼畜《ビヤツキ》〟の鞭《むち》にサトウキビ畑へ牛馬のごとく追われてがってんしたのだった。

「朝と夜が逆さまだ！」

　母カナは鋭くも言ったのだった。

「明けない夜はない、憎い！」

　そうした朝夕だが欠かさず沖縄に、沖縄の自然神に手を合わせてきていた。その亀三の指もちい、ん曲がっていた。全力的に生きた青春たちは刻一刻急速に倍速に、老人顔へと変貌していった。そうなのだ、ひとは結局家族のために働いて、老いてゆく。そして家族のいるそこが、ふる里になるのだ……、このことがしみじみと伝わってくる。気高くも美しくも尊いラストシーンだ、名場面である。

　――このシーンに「ウチナーンチュはかならず拍手を贈ります」とフィルムを所蔵する沖縄県公文書館はいう。実際に拍手を聞きながら筆者は考えた。なぜ拍手をするのだろう、何かを感じるのである。一世、二世、三世、四世……、世代は変わってゆく。文化も変わってゆく。精神も変わってゆく。全てが変わってゆく。――しかし魂は沖縄に回帰してゆく……。拍手は回帰・レ

ぞくぞくと集まってくる與儀さん一家のシーンに、ウチナーンチュは「かならず」拍手する

サトウキビプランテーションの撮影で昼食風景。移民当時は朝昼晩3食、塩汁にうどんだった

ボリューション＝革命する魂からの刺激でじぶんの魂が振動する。その感動の信号ではないだろうか……。

——

「完了！」

解き放たれたバネのような声が飛んだ。

絶景ダイヤモンド・ヘッドで全撮影が終了。丸三年をついやし、大勢の天佑《てんゆう》があり、莫大な借金をこしらえもした。「リスペクト・ドキュメンタリー映画」と称するべき未来へのバトン、気高い大叙事詩、「ハワイに生きる」の完成である。

作品はつぎの字幕に始まる。

〈この映画は、ハワイ沖縄移民六十五周年を迎えるのを機会にこれを記念するため、また本映画を通じて、沖縄の若人が海外発展に誇りと希望を持ち、海外雄飛にそなえるための一助となることも願って製作された。我々数万同胞の礎石となられた、いまはなき先駆者のみたまに対し、謹んでこの一篇を捧ぐ〉

上映時間一時間四十二分、これからの青春たち、新しい種族をはげますことばとともに「終」が出る。

〈ダイヤモンド・ヘッドの名のごとく、前途は実に洋々たるものです！〉

ダイヤモンド・ヘッドはシンボルである——きみよ、硬度はもっとも高く、きわめて美しく、きわめて少ないダイヤモンドを目指せ。青春よ、新しい種族よ、踏み固まった大道に停滞するな、歩いていけ、向かっていけ、前途は洋々だ。比嘉太郎の「海外雄飛」は亀三の時代の移民の父、當山久三のいうそれではもはやない、金銭製造機ではない。

――作品はハワイビショップ・ミュージアム、沖縄県公文書館に収蔵されている。

11　ガジュマルの樹《き》

ぼろぼろ

映画作りに費やした丸三年間であった。それは、ガジュマルの若木の急成長と伴走する、長いようで短い時間であった。

長男アルビンは大学四年で徴兵され、ベルリンの壁の西側に駐在していた。耳がずば抜けてよいからか、たちまちドイツ語を聞き話し、わずか二か月後に通訳になっている。次男サムはハワイ大学二年、土木技師《エンジニア》を目指し、ノーレンは同大学医学部に。日本語教師を目指すポーリンとエルシーは、カネオへ日本語学校を学業一番で卒業。

そういうさなか、友人たちがベトナムへ行く、と別れを告げにくる。ベトナム戦争である。ベトコンはサイゴンの米大使館に突入（一九六八年テト攻勢）。高潮する反戦運動に徴兵制度はくじ引きと変わり、サムとノーレンは幸い外れたが「だれかが代わりに行っている」（ノーレン）。日本でも若者たちがジョーン・バエズ、ボブ・ディランを聴き、歌いながら、反戦運動に高揚するとき、米軍の出撃基地、おだやかな気品のウチナー人の島、沖縄はベトナム人に「悪魔の島」

と怖《おそ》れられていた。俊子の中で戦争に消えた二十人もの魂《まぶい》たちは、かの女になにを語りかけていたのだろうか……。勢いのよい若木の成長に反比例して、太郎父は衰えていった。

俊子日記。一九六九年六月九日——晩たくさんボートが出た。ＢＯＹＳとＧＩＲＬＳと私は一生懸命であった。ダディはとうとうしまいまで休んでいた。

太郎の体は酸性紙のごとくにもうぼろぼろだった。映画の無理が心臓に、加えて煙草が肺気腫を進行させていたのである。その夫を支える妻俊子もぼろぼろだった。医師のノーレンはいう。

「母は深刻なリウマチ性関節炎を患っていましたが、それは糖尿病が原因で、ゆっくりと治癒不可能な壊疽《えそ》へと進行し、母の左足だったたか、を切断する手術へと至った」

医師であり、しかも愛する母なのに、どっちの足かがはっきりしないが、理由があった。少々時をさかのぼる。

俊子日記。一九六六年十月十日——いよいよ明日はクアキニ病院行き。今から胸がどきどきする。

俊子日記。十月十二日水曜日——午前七時に手術。午後は何もわからずただ苦しみもだへる。

この日の記は胸をうつ。俊子はじぶんが塗炭の苦しみをなめているのに、ほかの患者の苦しみを介抱するさまが記されているのである。そして、あれ？　と思わせる。

俊子日記。十月二十一日——午前十時半に夫が迎えに来たので、外でハンバーガーを二つ買って夫婦でおいしく食べた。晩には夫が心をこめて肉ミソスップを作ってくれた。

肉ミソスップには問題はないはず。けど、脚の切断から九日目の「ハンバーガー外出」はちと早すぎないか？　しかもノーレンは「左足？」とあいまいだし、サムなどは「三回手術？　かかと、足首、膝から下だったかなあ?」

母の一大事に記憶があいまいな二人の一致点は、「ポーリンに訊《たず》ねよ」。で、たずねたところ、あの青春の琉球盆踊りの買い物リストもまっ青、ものすごいったらない!

「母は生涯を通して幾度も手術しています。扁桃腺摘出、盲腸、腰骨《ようこつ》の矯正、足の手術です。母は毎年なにかの手術で病院にいました」。まだまだつづく。「母は糖尿病が原因の治癒不可能な感染症で両足を手術しました。母の腰の手術はリウマチ性関節炎が原因です。糖尿病は母の手の指の骨を溶かしてしまい、掌《たなごころ》はスポンジのように軟らかで、数年間は腕を上げることができませんでした。人生の後半生は両足のくるぶしがありませんでした」。

俊子は北中城《なかぐすく》の太郎のいとこ、字島袋の比嘉恵美子に足をもんでもらった礼をのべてから〈長いことペンを持ったことがなく字を忘れた〉と書いた。じつはもはや手が利かなかったのだ。一九六四年に下駄でこけたときに治療しておくべきであったが、若かったし、またそのゆとりもなかった。そうしていまは満身創痍《そうい》、夫婦そろってぼろぼろになっていた。そのすさまじさにはことばを失うが、俊子はそんなじぶんに万感こめていっている。

「ああ　おまえはじぶんの身体の囚人だねぇ……」

足の手術の件だが、あまりに手術が多くしかも両足、記憶が混乱したのだろう。だが最後まで一番面倒をみたというポーリンははっきりおぼえていた。「母の足の手術は父の死後でした」。つまり日記の手術は足ではなかった。というわけで「夫と外でハンバーガー」となったわけだが、ではなんの手術か?「ポーリンに訊《たず》ねよ」である。

「私はおぼえています。父は母が子宮摘出でくるしむとき、完全に禁煙しましたから」

この手術は先の病気リストにもない。それがヘビースモーカーの禁煙にいたる事情をサムは甦らせる。

「父の肺気腫は最悪だった。郵便ポストから手紙を取ってくるだけでものすごく疲れて、呼吸するにも苦痛を感じているようだった。酸素ボンベの助けを借りても三二％しか酸素が補給できず、呼吸がゼイゼイと困難だった」

その太郎が、手術が間近い俊子に「何か欲しいものはないかい、なんでも叶えるよ」といいたわると俊子は即座に反応。「あなた。たばこをやめて下さい！」。鶴の一声、一日五十本ヘビー・スモーカーがぷっつり禁煙、だが遅すぎた。

ボートハウスの最後

比嘉太郎の身体は療養を要求している。けれど沖縄の自然神は太郎の仕事にまだ満足していなかった。もっと活躍させようとして現れた。

太郎が『布哇《ハワイ》沖縄県人発展史』発刊に力をつくしたことは前に述べた。その書は戦争で失われ、幻となった、その再刊をめざしたのである。執筆には多方面に資料渉猟の必要がある。集まってくれた人たちに趣旨の説明を始めると、某紳士が割りこんだ。

「比嘉さん、あんたはそれでよかろう！　が、我々には迷惑千万だ。今日も頼まれたから来たが、商売に行かれず五セントにもならない、もってのほかだ！」と怒声を飛ばし「他人を利用してじぶんが儲ける魂胆だ！」と口汚く罵った。この紳士に「口を慎みなさいよ」という勇気を一人も持たなかった。

翌日一九七一年九月二十三日。その紳士が「会いたい」と電話してきた。罵詈雑言の謝罪と思い、太郎は丁重に断った。が、コールは連日つづいて五日目。田園に働く太郎をいきなり訪ねてきて開口一番、いったことがなんと、「調べたが、貴君の生命保険は掛け金不払いで無効(人権運動の時)になってる。これはたいへんだ！　貴君に万一のことでもあれば、家族は路頭に迷う」つづけて「ところで、子どものために良い保険が売り出された、加入したらどうか」と勧誘――これが訪問の目的だった。太郎は「貧乏はつらいねえ」と屈託なく笑った。

この笑いを押し売り氏は理解したかどうかわからないが、わかるのは貧乏はたしかにつらい。しかも災難はつづけてやってくる。アラワイ運河のファミリービジネス、ボートハウス。これを手放す事態となった。サムに耳をかたむけよう。

「毎年、アラワイ運河使用権はハワイ州港湾交通局との間で更新されてきていた。これに参加した二人の金満家が契約料金を競り上げてゆく、だんだん高額に……、十倍にもなった。もう私たちに経営はできない、父は撤退を決めた」

競り勝ったのは米本土の金持ちというM。

比嘉家の収入は途絶える。しかもその上ボートハウスの解体に費用が相当かかる。

「父はMに建物価格を交渉したが、タダだ、といった」

それでも手放す方が金銭的には助かる。

「だが、ぼくは父にいった。これは道義と信念の問題だ。ボートハウスは解体しよう。——父も家族もそれが一番の方法だと賛成した」

一九七一年、サムが土木技師として働き始めたその年のことである。

「解体に取りかかるとMはびっくり仰天、あわてて買い取りを申し入れてきた。けれど、本土の金持ち連中が、質素な地域の仕事を奪う、その旗ふり役などありえなかった」

ボートは友人たちにただ同然で分けてしまった。のちになって金持ちMはボートハウスの経営に、「太郎を雇いたい」と申し出てきたというが、「父は金満家に、生活保護を断ったあのときと同じに、みごと言下に申しわたした。NO！　父は気高かった」。

太郎父は真っすぐ歩いてきた。子はその父と並列に歩んできた。母はぜんたいをおだやかにそれとなく包んでくれてきていた。——家族の肖像画である。爽やかな風が吹いている。

案の定というべきか、金持ちMのボート屋は数年でつぶれたという。「今日はボートがたくさん出た」よろこびは「夕餉《ゆうげ》のおかずがにぎわううれしさ」。小さな、けれども豊かなる満足だった。一個のりんごで色とりどりのピンポン球がいっぺんに千個もはじけるような、うれしい比嘉七人家族だから、ボートはたくさん出たのだった。

かくしていまボートハウスは跡形もないのだが、木登りやブランコを楽しませてくれた、いまや孫もいるピンポン球たちをよく覚えていて、あの至宝の時を甦らせてくれている。

じぶんを裏切る！

競争という暴力が家族の宝物《ボートハウス》をうばいさった。けれどもその代償として、太郎に念願の執筆時間をおいていった。民衆の、民衆による、民衆のための民衆史――『移民は生きる』（自費出版・日米時報社）、五百六十頁の大部がそれ。出版は一九七四年。ボートハウスの最後から三年もかかっている。上梓《じょうし》の年に早くも三刷を重ねている。比嘉太郎の名は沖縄にも知れわたった。

上梓から間もなく、太郎は俊子と南米のウチナー人移民社会をめぐる旅に出ている。その一つがボリビアであった。その国への沖縄移民は一九五二年。この年四月、サンフランシスコ講和条約・日米安保条約（日本独立）とひきかえに、沖縄はヤマトのトカゲの尻尾にされた。米軍は農地を手当たり次第に収奪し、素っ裸にされた農民の処分（棄民）先の一つがボリビアであった。そこは不毛の荒地、どだい緑の田園とするべき地ではなかった。奇病の発生もあって、移民は文字通り棄民と化して転々、無残にも敗北、というまさにそのとき、「ハワイに生きる」が上映されたのである。映画はボリビア移民に「ウチナーンチュの底力」、マグマを噴出させることになる。

「おれらもハワイに生きる！」

映画の題を合言葉に、灼熱《しゃくねつ》のラテン・アメリカを拓《ひら》く同胞は、つかれたら巨《おお》きなガジュマルの樹《き》の緑陰に休み、また土の中へと節くれ立つ指をつき入れた、いくどもいくども種子を蒔《ま》いた。〃指がちん曲がった〃、ふんばった。やがて無名の樹は芽を出し、ゆたかにしげり、花は真っ赤に咲きほこり、気高くたわわな実に結ばれた。そうしてなった。

UCHINANCHU《ウチナアンチュ》 DEL《デル》 MUNDO《ムンド》！ 世界のウチナーンチュ！

南米各国の日本海外出かせぎ人村での上映には、こんな裏話があった。

ペルー中央日本人会会長の肩書きの、伊芸銀勇《いげいぎんゆう》という男がいた。かれは「ハワイに生きる」の南米上映を企画実現させた男である。

比嘉太郎を「沖縄を愛し、沖縄県人のため日系人に尽くすことを何よりも重大視とし、数々の貢献をしながらそれを黙して語らずの人」（伊芸）と高く評価、その名をひろく南米にまで轟《とどろ》かせた。伊芸はわざわざハワイへ出向き、フィルムの借用を願い出ている。これに太郎はこう応えている。

「伊芸さん。フィルムは無料で貸しましょう。南米の日系人に無料公開する条件で貸しましょう」

これをきっかけに二人の友情は生涯のものとなる。伊芸はのちに書いている。

〈比嘉太郎氏は勇気と正義の人であった。ウチナーンチュのためなら、全財産を投げ出しても闘う、そんな人だった。そしてじぶんのした事を人に言う人ではなかった。心の大きい、温かい人で、「人の一生は一度のみだから、人のため、社会のため、世界平和のために何かなすべきだ。それが人間の生き方だ」というのが比嘉氏のくちぐせであった〉（「雄飛」第四十一号）

〈沖縄人とは何か？　比嘉太郎のような人だ〉と大田昌秀は言った。

比嘉トーマス太郎――九歳のじぶんにした約束を生涯裏切らなかった男。伊芸も大田もその生き証人であった。

さて、沖縄の自然神といえばまたもや思い立った。太郎に〝偉大な彫刻家が山全体を彫刻する〟（R・ロラン『ミケランジェロ』）ような無謀を企てさせたのだ。

〈ウチナーンチュの移民史をもっと充実したものにすべく、北海道、アラスカ、北米は言うに及ばず中米、南米各国に旅し移民者の足あとの資料収集をなした〉

しかし、太郎はじぶんを裏切った、あの大いなる約束を裏切ったのである。

〈一九七五年三月。ついに心臓の切開手術という大難に遭い、その後体調思わしくなく、活動は中断した〉

ガジュマルの大樹は音も立てずに、どうと倒れた。その聞こえぬ音をノーレンはかく表す。

「ぼくの医学部の卒業式に家族全員が出席してくれたことは最高の幸せでした、しかし父を除いて……」、手術入院である。

「でもぼくはとても感動しました。卒業式のその日に、ぼくの指導教官が病院にわざわざ父を訪ねて、ベッドサイドに書きおきしていったのです。

〈あなたの息子はいま、医者になりましたよ、あなたはどれほど誇りに思うことでしょう！〉

父と母はこのノートを宝物にしてくれました」

こんなふうに「父」を敬う息子は、なんというしあわせ者だろう。……

太郎は小学校三年までだった。「なに、一頁からかね！　君のように程度の低い者が」と数学の基礎ができないゆえに基礎を教えなかった、あの数学者の侮辱は、大いなるはげましであった。

本郷の坂を御茶ノ水駅へ下るときに流した熱いくやし涙を、わが子に流させてはならなかった。

貧しいけれども五人の子に大学教育の過程を歩ませた。太郎父は子にそのことは語らず、学問する意味を説いている。

「きみたちは全ての物を失うかも知れない。しかし頭の中まで持ち去られはしない」

キャンパスは履歴書を果てしないように書く荒れ野ではない。燦然《さんぜん》と不羈《ふき》独立の精神をきらめかせる希望にみちた緑の田園なのだよ、と。

太郎には九歳のじぶんにした約束があった。ひたむきに励ます沖縄の自然神がいた。そしてなんといっても、善き人びとに、ほんとうに恵まれてきていた。

だがともすると、不羈独立した独特の人間は孤立する。だからこそ、太郎と俊子は信頼しあい尊敬しあい、その愛は終生勁《つよ》かった、二人は同志であった。——その両親を敬い見つめるBOYSとGIRLSがいたのである。

夜走《ゆるは》らす船《ふに》や　　夜の海をゆく船は
ニヌファ星《ふし》みあてぃ　　北極星を目当てにする
我《わ》んなちぇる親《うや》や　　私を生んでくれた親は
我《わ》んどぅみあてぃ　　私を目当てにする
（てぃんさぐぬ花）

子の向きは親の生き方に決められてゆく。そして親は、わが子の成長の姿に、はたしてじぶんはどんなニヌファ星《ふし》かを確かめつつ進むのである。

〈長い年月の間に、子が親となり祖父となる期間に、人は徐々として偉大なる変化をしつつ進んだのである〉（柳田國男「海南小記」）

島人《しまんちゅ》の宝《たから》

その医療技術は今日とは雲泥の差であっただろう。術後の経過は思わしくなかった。さすがの沖縄の自然神も、太郎を休めるべく準備に入ったようだ。九歳のあの写真、――ぐいとまっすぐじぶんに構えた面魂《つらだましい》に、……衰えが表れている。まだ五十八歳、人生豊穣《ほうじょう》の期に太郎を終わらせる、――沖縄の自然神はなんてことをするのか。だが太郎ははじめて、沖縄の自然神に反逆を決意した。その眼光は気魄《オーラ》を発散している。

「私はもう一度生きる。もう体はたいした働きはできないが、かれらの後ろ楯となり、かれらが成果を上げげたならば、じぶんは九歳のじぶんにした約束を果たしたのだ」

先に、ガジュマルの大樹は音を立てることなく倒れたと書いた。沖縄に気づかれてはならなかったのである。

比嘉太郎。その名は沖縄にとどろいていた。かつて日系が三〇％余りを占めたハワイは移民研究の宝の島である。「かれら」有名無名の学者、研究者、作家らが太郎をたより、ひんぱんに訪れてくる。そのかれらに太郎は残りわずかなじぶんの生《いのち》を少しもケチらない、献身する、削ってゆく、使いきる覚悟を決めたのだった。比嘉トーマス太郎――さいごの軌跡をかれらの手紙などでたどっておきたい。

大田昌秀（学者・元沖縄県知事）。彼は比嘉太郎ともっとも近しく友情を結んだ人物であった。大田はじぶんを語らぬ太郎像を、ずばりと一刀彫りして見せる。〈温厚な外見に似ず、世の人のために「無償行為」を身に託して実践する強固な意志力、並々ならぬ郷土愛、名もない民衆の幸せを願ってやまない「沖縄的な」配慮のこまやかさ〉と。

大田昌秀から比嘉太郎への手紙。

〈お手紙大へんなつかしく、そして嬉しく読みました。同時に心臓の手術をされ入院していたことを知り驚きました。その後の経過が順調で一日も早く全快されることを心からお祈りして止みません〉（一九七五年九月十八日）。学者時代の大田は太郎が心臓手術の直後（三月二十四日）とはつゆ知らず、膨大な資料の収集を依頼していた。右はその落手の礼をかねた書状。このころの写真に見る太郎は衰弱しきっている。その太郎父をサムは容赦もなく甦《よみがえ》らせる。

「父は最悪の状態だった。青ざめて弱々しい数年間、いつもまくらに顔をうずめて息をしていた。身体は痛み、弱り疲れはてていた。息をするごとにぜいぜいあえぎもがいていた。酸素ボンベの助けを借りてもなおもがいていた」

宿痾《しゅくあ》の心臓病に加えて、煙草による肺気腫の二重苦であった。大田昌秀は太郎の手術の前年、ハワイに滞在し資料の渉猟を依頼。太郎はその重い包みを届けているが、そのとき大田は重い足音とあえぎ声を聴いている。

〈私がハワイにいる頃から、アパートに上がってくるにも息切れがする様子でしたので気にして

いましたが、まさか入院して手術しなければならないほど悪かったとは夢にも知りませんでした〉

太郎は病をなにも語らなかった、見せなかった。自分の少ない生《いのち》を惜しまなかったのである。

「沖縄の心」の探索。これが学者であり政治家大田の生涯のテーマであった。――大田は「醜い日本人」といった。ヤマト（人）は去った沖縄地上戦争に直接責任がある。――現在、そのヤマト（人）は、沖縄島、宮古島、石垣島、そして台湾が目前の与那国島《よなぐに》に自衛隊と最新兵器を配置、軍事要塞化してふたたびの地上戦争を構えている。そうしておいて、戦争を拒否する「沖縄の心」を「甘えるな」などと叱りつけるのだ――。しかし、大田はそんな醜い日本人のこころが真性の「日本の心」であるはずがない、と一縷《いちる》の希望をさいごまで捨てはしなかった。その大田が知事のときのこと。何気ないような呟きを筆者は忘れないだろう。

「やっぱり沖縄は独立するしかないのかなぁ……」

大田は知られるように日本復帰賛成論者であった。

別の大田書簡がある。これは善き人に恵まれた太郎の人脈の重層を伝えている。

〈海洋博（七五年七月）を見に沖縄へ来られるのを楽しみにし、もし見えた時は、大城《おおしろ》（立裕《たつひろ》・芥川賞作家）氏や久場《くば》（政彦・琉球大学教授）氏らを集めて大歓迎をするつもりでしたのに〉

その大城立裕も（太郎の両親と同じく中城村《なかぐすくそん》出身）資料収集をいくたびも依頼している。

大城から比嘉太郎への手紙。

〈トーマス比嘉様　先だっては二つの資料をありがとうございました〔…〕あんな古い新聞がサラ新品のように保存されていたかと思うと、感嘆するばかりです。Manila まで attack と報道されていたとは、初めて知りました。『ハワイ日本語学校教育史』も、ここでは得がたい資料です。ありがとうございました〉（七四年二月四日）

大城も太郎の重篤を知らなかった。つぎつぎと資料渉猟を依頼、太郎は応えてゆくのだが、大城は学者石川友紀の情報（七五年七月十六日・手術後四か月）におどろきかつ恐縮している。

比嘉太郎への書簡。

〈ご病気のこと〔…〕御健康がお悪いとも知らず、私はかなり甘えて、お世話になってしまったようです〉（七五年八月十四日）

俊子の従兄弟、世界的な言語学者、比嘉正範も注文者の一人だった。

比嘉正範から太郎への手紙。

〈早速貴重な資料をお送り下さいましてありがとうございました〔…〕じつは私が考えていましたのは「命を救うビラ」のようなものです（米軍が沖縄で飛行機からまいたものです）これも大変すみませんがお送り頂ければ幸いです。お二人ともどうぞお元気で。姉さん（俊子）によろしくお伝え下さい。草々　四月六日　正範　太郎兄〉

矢継ぎ早の依頼だが太郎はじぶんの病を押して一つ一つ丁寧に応じていく。

遠来の客も多彩であった。画家猪熊《いのくま》弦一郎はその一人。猪熊のハワイとのふかい関係（太郎心臓手術の翌年一九七六年以降）は知られるが、それは比嘉太郎の支えがあってのことは、今回長男アルビンを通して初めて世に出る逸話である。猪熊は太郎にガジュマルの樹《き》の絵を謹呈している。比嘉太郎は猪熊にもやはり巨《おお》きなガジュマルの樹であった。

＊

太郎はハワイ日本人移民研究の入り口であった。この門をくぐると学術の緑野が広がっていた。そのまん中に、現代考古学の学者の風貌をした一人の農民が、二つの鍬《クワ》を持ち立っていた。一つはかれらのために、一つはじぶんのために。かれらは、緑野を一鍬一鍬ていねいに掘りかえしていった。――そうやって心臓手術から三年を経た一九七八年、太郎は再手術の緊急事態に陥った。

かれの十一人ものきょうだいは皆、心臓病で亡くなったという、四十代から六十代の働き盛りで。十二人……、こうなるともはや比嘉家の宿痾《しゅくあ》を超えて、日本海外出かせぎ移民、金銭製造機の宿命というべきであろう。厳しい労働が生《いのち》を食い荒らしたのである。移民先はどこであろうと、この病が日本海外出かせぎ移民の病の統計の、上位を占めるのではないか。日本は尊い犠牲の海に、富国強兵丸を驀進《ばくしん》させてむなしくも撃沈されたのだ。――不埒者め、繰り返すのか――彼らはいまの日本人に怒り心頭ではないか。その声が今ははっきりと聞こえてくる。

太郎二度目の手術のとき、サムはロサンゼルスからかけつけた敏夫に「アンクル兄さんも手術するかときいた。すると太郎の結果を見てから考えるよ、と答えた。アンクル兄さんは手術しなかった」。そのあまりの衰弱のさまに――、サムは呵責《かしゃく》なく描写する。

「多分手術は父に数年のいのちを与えたのかもしれない、でも質は与えなかった。父の残りの人生に、物語るべき質はない」

残骸だ。無残なり。あの九歳のピチピチした聡明な、その子よ。どこへ行ってしまったのか。

――だが、筆者はサムの観測に同意できない。その子は、沖縄地上戦争におけるあの廃屋なのだ、呼吸している――何ものも奪えぬおばあちゃんの沖縄の気品を、呼吸している。イタリアの戦友たちが、その子の中に生きるように、その子、比嘉太郎はすぐれた友人たちの中に生きている。この事実は、高潔な人格者として知られる仲宗根政善《せいぜん》氏（ひめゆり学徒隊の引率教師）の、太郎への手紙に、気高くも保証されている。

〈あなたの戦後の活躍を、世の人々が忘れずにいてくれていることが何より嬉しく思います。沖縄の戦後史に後世まで伝えなければならないことだと思っています〉

仲宗根はその著書『ひめゆりの塔をめぐる人々の手記』に、〈世界の人びとが国境を越えて〉と、戦争を拒否する「沖縄の心」を託している。太郎の、じぶんにした約束を裏切らない。この並大抵ではない約束の実現は、沖縄の心の誠実な実践にほかならなかった。そうやって結果として成された偉業は後世まで伝えなければならない。そういうのである。

比嘉トーマス太郎は〈後世まで伝えなければならない〉――じっさい氏はこれを口先だけですませなかった。太郎の沖縄救援運動、それもハワイ、北米、南米の各地が発行し、しかも散逸した運動機関誌等を蒐集《しゅうしゅう》、一冊にまとめ四部のみ造本したのである。貴重な第一級資料である。

仲宗根政善の手紙はつづく。

〈外間守善《ほかましゅぜん》氏がハワイに行っていますが、氏のおもろの研究はもう伊波《いは》（普猷《ふゆう》）仲原（善忠《ぜんちゅう》）先生の研究をはるかにぬいており、まことに優れた学者です〉

伊波、仲原は沖縄（人）の至宝、万葉集に匹敵するとされる『おもろさうし』研究の第一人者であって、またその一人としても知られる仲宗根氏じしんが、外間氏はそれをぬいたと明言。その外間に親しく会ってほしいというのである。なぜなら、――答えは大田昌秀の比嘉太郎讃歌に用意されてあった。

沖縄の心の探索者としての大田は、沖縄人とは、と問い、親愛をこめて答えるのだ。

「沖縄人とは何か？　比嘉太郎のような人だ」

比嘉太郎。かれは島人《しまんちゅ》の宝《たから》であった。

＊

その時は見えていた。

大田は別の長い手紙にも、〈比嘉太郎は沖縄の比嘉太郎でもあるから〉と、最大級の敬意を表していた、そして熱望していた。

〈お元気になり次第、比嘉さんの自伝はまた始めて下さい。書くのが疲れるのでしたらテープに吹き込んでいてください。友人の印刷屋にすすめて出版活動をさせて頂きます。今度は（自費出版の『移民は生きる』を指す）沖縄で出しましょう。最後の仕上げは私も手伝いますのでゆっくりと必ず記録を残して下さい。ぜひ伝記はまとめてほしいと熱望します。ではくれぐれも御大事に。むりはなさらぬよう〉

この大田のはげましは太郎に最後の、沖縄の自然神の声となる。その執筆にもはやほとんど空状態の生《いのち》をそそぎきる。自伝『ある二世の轍《わだち》』は、そのようにして一九八二年六月に上梓されている。しかしこれも自費出版だった。大田に書いた。

大田昌秀（沖縄県知事）と比嘉アルビン

仲宗根政善。氏は16歳から20歳の「ひめゆり」たちを、戦場に散らした引率者として、生涯深い悔恨と懺悔を内にしていた

ハワイ取材時の大城立裕。「四海兄弟」碑で

比嘉太郎から、大田昌秀への手紙。

〈前略ごめん下さい。来る年の五月末前後に訪沖《ほうちゅう》(息子が同行)して、映画「ハワイに生きる」と「おきなわ」(宮本ハロルド氏製作)に加えて『ある二世の轍(改訂版)』一千冊を、私が沖縄に対する最後の奉仕として沖縄に贈呈したい〉

息子同行との断りがある。もはや体は単独行をゆるさぬし、同道の妻、俊子は車椅子。そうまでして〈沖縄へ奉仕〉する太郎に霊感が働く……。比嘉トーマス太郎と俊子。ふたりは愛する沖縄に、永遠の別れを告げにゆくのだ、バトンを手渡しにゆくのである。——リスペクト・ドキュメンタリー映画『ハワイに生きる』の名場面、老夫婦が若々しくまぶしい新しい種族に、感謝の頭を垂れる、あの「必ず拍手がおきる」気高い人生の、静かなる厳かなるエンディング……叙事詩を手渡《バトン》しに。

この手紙に、じぶんを語らなかった太郎は、初めて、親友としての大田昌秀にひかえめに回顧し自負している。

〈私がなした仕事は沖縄救援運動もですが、それより今日尚、報いられたと満足するのは、ハワイで帰化権運動を先頭に立って開始したことであります。

そのことを戦後の移民たちに感謝されたとき、長かった苦闘が一度に報われたような気がいたしました〉

そしてつぎのことばに〝そうだった〟とわたしらはいまさら気がつくのだ。

〈いま、戦後沖縄から千でなく万を数える人々が、アメリカ永住権、市民権を得て活躍している

ことを考える時、人知れず満足しております〉
現在ハワイに四万五千人、米本土を入れると十数万人（沖縄人口の約一〇％）ものウチナー人が各分野に活躍、――そうしてハワイ州知事にウチナー系人が就任するほどの社会力をもつに至っている。それだけではない。全米の日本系人は四十九万人にも達している。その元をたぐると比嘉太郎らの運動にゆきつくのである。後世までたしかに伝えられなければならない歴史的偉業であった。

地には豊かな種子を

自伝『ある二世の轍《わだち》』（日貿出版社版）の上梓は一九八二年六月。大田への手紙にある（改訂版）は同年九月。三か月もしないうちの改訂版（出版人は妻俊子。自費出版）のワケは出版社の手抜き編集にあったという。それはともかく、改訂版に移民研究家照屋聡子が比嘉太郎の碑文を刻んでいる。

〈ハワイでの沖縄救援運動はやがて北米へさらに南米へと広がって沖縄に救援物資が続々と送られた。戦後三十四年を経てそのことを忘れている人が多いと思うが、本当に我々が忘れてはならぬ人だ〉

そして頌歌《しょうか》を献呈している。

〈その底に一貫して流れているのは、激しく熱い郷土愛、人間愛、そして正義心である〉

太郎を敬する大田昌秀はためらわず断言したのだった。

「比嘉太郎さんは、まさにこの様な人物です」

比嘉太郎——島人《しまんちゅ》の宝《たから》。評価は定まっていた。

けれども巨《おお》きなガジュマルの樹《き》は、謙虚にいうだろう。——わたしは九歳のじぶんにした約束を裏切るまいと、ただ努めてきただけなんです。

自伝の前書きにはこうある。

〈将来何かの役立つやもと考えて、じぶんの体験記を書き残そうという望みは持たぬこともなかった〉けれども〈じぶんが……〉とためらった。が、思い直した。

——一農民の歩みはともに歩んだ大勢の、名もなき英雄たちの轍《わだち》、民衆史にほかならない。

その〈本書がどこかの地で播《ま》かれた時……〉

同胞《はらから》よ　地は貧しい
我らは　豊かな種子《たね》を
蒔《ま》かねばならない

太郎が興哲舎の浩一さんに学んだノヴァーリスの、現実をこよなく美しくそして力強く希望へとうながす詩「地には豊かな種子を」である。

——「沖縄に豊かな種子をたくさん蒔いた」とHUOA（ハワイ・ユナイテッド・沖縄アソシ

エーション）はイゲ・ハワイ州知事夫妻出席のもと、比嘉太郎を顕彰していた。

太郎は豊かな種子をたくさん蒔いた。

ミレーの、大地を踏みしめて種まく若者のごとくに蒔いた。〝新しい種族〟という実の豊作を信じて、ぐいぐいと力強く、ひろく、晴れ晴れと蒔いた。

かれは親友大田昌秀へ敬愛をこめて、最後の手紙を閉じる。

〈今日は久しぶりにペンを執りました。乱筆乱文をお許し下さい。一九八二年十一月十五日　比嘉太郎

大田昌秀先生　机下

近くで俊子がよろしくといっております〉
〈乱筆〉という筆跡はあることを想い起こさせる。……三十七年前、太郎ティーンエイジャーの終わりの年のあの「青春の琉球盆踊り」だ。――空を仰げばたまげるほどに星、星、星が、天空の織物といったふうに、奥へ、さらに奥へ奥へと織りこまれていく……、そして日記は閉じられたのだった。
「これで済んだのである」

＊

一九八四年の末。妻俊子は大田に太郎の消息を書いた。

〈夫は先に手術した心臓が悪化して入院中で、家族の面会もままならないほど重体に陥っています〉

一九八五年二月十二日。新しい一日がいつものように明るくあけた。いつものように虹が立った。朝の光にかがやく太郎父はさらに明日へ、未来へあけてゆく子にいった。

「エルシー、泣かないでおくれ、よろこんでおくれ、私は私がするべきことをすべて終えていたのだからね」

ポーリンは父の手をにぎった。するとギュッとにぎりかえしてきた。

「どこにこんな強い力が！」

そしてずんずんとひとりでいってしまった。

一つの偉大な人生が終わった。――鐘が鳴った。九歳のじぶんにした約束を裏切らなかった、果たし終えた、その祝福の鐘が鳴った。

ポーリンはじぶんの手を見つめていった。

「私は父の最期から、新しい勇気をもらったのです」

【回帰】REVOLUTION――革命。

むかし、その子は、沖縄のおばあちゃんの手から、新しい勇気をもらったのだった。そしてその子の子は新しい勇気、バトンを受け継いだ。

巨《おお》きなガジュマルの樹《き》はついに倒れた。太郎の母校、沖縄の北中城《なかぐすく》小学校のガジュマルの樹が倒れた（二〇〇二年六月十三日の台風）。けれども梢はいまも朝日にりりしく輝いて、気高く輝いて、緑陰を涼しくひろげている。村人が一つになって復活させたのだ。

新しい子らが、歓声をあげて木登りしている、ぶら下がっている、ブランコしている、読書している、本の中へ引きずりこまれている。じぶんに夢中のその子らは、巨きなガジュマルの樹の中にいることなど、忘れている、すっかり安心しているのだ。

比嘉太郎（1975 年）

あとがき

本文に書かなかったことがある。

長女のポーリンが父太郎に訊いた。

「お父さんはどうして沖縄のことばで話すの？」

父はこう娘に答えている。

「沖縄人が沖縄の言葉を忘れたら、沖縄人ではなくなってしまうからね」

――沖縄人ではなくなってしまう。この恐ろしいことばにわたしは気がついたことがあった。わたしは結局この本で、ヤマト人という第三者だからこそ見える、かすかになってきている沖縄人の魂を描きたかった、彫りだしたかったのだ。

いまの沖縄の人たちは祖先からのことばをすて、ヤマト口《ぐち》を身につけた。「ぼくたちがいましゃべっている言葉、これは、ぼくのものである前にこの男のものなのだ」（J・ジョイス）。明治政府の肝いりで人造されたそっけない記号的〝共通語〟を巧みに効率的に操るいまの若いウチナー人に、民族の魂を感じることはほぼ希薄になっている、とわたしはおもう。ウチナー口《ぐち》のやさしい響き、魂の音楽を聴いているような心地よいイントネーション、やわらかな語り手の味わい深かった表情はどこへいってしまったのだろう。沖縄民族特有のおだやかなる魂への親しみと憧れは、よそよそしい壁になってだんだん高く、厚くなってゆくような気がしている。沖縄にとってわたしは第三者であるけれども、そのわたしに沖縄が第三者になってゆく……、約半世紀四十八年間のおつき合いをしているうちに、そんな感じがだんだんと強くなってきているのである。

比嘉トーマス太郎、かれはアメリカ人でありながら――かれに国籍などは関係ないことだ――いつも沖縄の自然神に回帰していた。沖縄民族特有の言葉を、何よりもウチナーの魂を失わなかった。

回帰は英語でREVOLUTION／「革命」。だから太郎はいつも新鮮だった、爽やかだった、ひろく緑陰をおとしていた、涼しい緑の風を吹いていた。

ハワイ青春の琉球盆踊り、沖縄救援運動、市民権獲得運動などなど、太郎が成した偉業の全てはただ一筋、沖縄のために、であったのだ。このことはかれの映画製作に申し分なく発揮されている。「沖縄の心」を表すことに生涯をかけた大田昌秀が、かれを敬愛し、太郎も大田を敬愛し、仲宗根政善、大城立裕、比嘉正範ら著名な学者、作家らが小学校三年生までしか学校に行けなかった比嘉トーマス太郎をふかく尊敬したのも、太郎は誰もが認めるように、沖縄の魂そのものであったからにほかならなかった。

彫刻家は荒石が潜める魂を直感的に透視して鑿《のみ》をふるう。わたしは時には大胆に、時には繊細に、時には狡知に、時には想像し、ただひたすらに太郎を彫ってきた。その制作に捧げた時間は約六年、じぶんでも異常な執念とおもうけれども、じつはわたしは疑っていたのだ。――ぼくは人につくす人になります。世のためになる人になります――九歳のじぶんに負わせた約束を、生涯裏切らない。そんな人間が人間世界にいるはずがない。わたしはむしろそっちの証明に興味を持っていた。ほら、あそこに見えている、でも到達できぬ水平線を追うようにいちいちを疑い、いちいちを調べ、そうやって比嘉トーマス太郎の九歳の約束の実行を確かめていった。——本書は人間を疑うじぶんとの戦記なのでもある。そうしてわたしは完全に敗北者となった。

ああ、ずいぶん長い戦いだった……、のぞいた鏡の中にちょっとくたびれた敗北者が満足顔をして、つぶやいていた。

「これで済んだのである」

＊

沖縄の宝を掘る——じぶんとの戦いにつくづくおもう。なんと多くの人の力を必要とし、借りたことだろうか。

お名前を記して感謝の意に代えます。（あいうえお順です）

沖縄では——伊佐真一さん、大塚勝久さん、大濱聡さん、喜屋武初代さん、我部政男さん、瀬名波栄喜さん、高江洲洋子さん、高山朝光さん、中江裕司さん、仲宗根ゆう子さん、仲松昌次さん、比嘉恵美子さん、比嘉正博さん、知念英春さん、外間シズ子さん、福本俊夫さん、辺土名朝史さん、三木健さん、屋嘉宗彦さん、米倉外昭さんたち。

アメリカ・ハワイ州では——上原進助さん、比嘉サムエル淳次さん、比嘉イワモト・ポーリン梢さん、比嘉ヨシムラ・エルシー雪子さん、そしてそれぞれのつれあいさんたち。

アメリカ・カリフォルニア州では——比嘉アルビン愛作さん、比嘉ノーレン健さん、上原民子（沖縄民間親善大使）さん、北村サムエルさん、比屋根ジョージ&ルースさん、森田のりえさんたち。

新聞社では琉球新報社、沖縄タイムス社、ハワイ報知、ハワイタイムス。

公的機関にもお世話になりました。沖縄県議会図書館、沖縄県公文書館、北中城村教育委員会、北中城図書館、北中城小学校、東風平村豊盛公民館、読谷村村史編集室、ハワイ大学図書館、ハワイ・ユナイテッド・沖縄・アソシエーション（HUOA）、ハワイ沖縄センター（HOC）、ハワイ・カネオヘ図書館、北米沖縄県人会（OAA）、世界ウチナーンチュビジネスアソシエーション（WUB）ロサンゼルス支部、ウチナー民間親善大使グラントプログラム（二〇一八年）。

なお本書は二〇一八年から二〇一九年の十六か月三百八十回、「新・太郎物語」の表題で「琉球新報」紙に連載されたものを、四年をかけて、新たに書き下ろしました。

最後になりましたが、本書上梓にあたり、水曜社の仙道弘生氏と校正の末藤雄二さん、DTPの小田純子さんには大変お世話になりました。内容、構成、年表作成はもちろんですが、なんでもかでも電子化の今日にあって、原稿、写真のやりとりに筆者は心労しましたが、編集者氏には辛労だったでしょう、忍ばれます。

そして最後のさいごにわが妻に、支えてくれてありがとう。


追記。比嘉トーマス太郎、かれの本名（戸籍名）は比嘉昇信という。十八歳のハワイ帰還船の乗船者名簿にあることと、北中城村と比嘉太郎の関係者の証言から間違いない。太郎は幼名（ワラビナー）である。沖縄で太郎（太良／タラー）はヤマングー（聞かん坊）をいうという。そのまま引き継いだのであろう。理由はわからない。けれども名と実体はうまく合っている。

1905～

関連年表

	比嘉太郎と家族	ヤマトの出来事	ウチナーの出来事	世界の動き（米・独・伊を中心に）
1905			カレドニア移民600人。	
1906	（父）比嘉亀三、沖縄中城（現北中城村）字島袋からハワイへ出稼ぎに出る。	3・東京市の電車賃値上げ反対市民大会。	4・県糖業改良事務局官制交付。	4・朝鮮で抗日義兵蜂起。
1907	（母）安座間カナ、島袋からハワイに出稼ぎに出る。同年亀三と結婚。		8・伊波普猷「郷土史に就いての卑見」講演。	3・日本人労働者のアメリカ入国禁止
1910			5・本部で徴兵忌避事件。10・佐敷小学校「御真影」焼失事件	
1916	9月22日太郎（英語名Thomas）誕生。12人きょうだいの3番目。		前年までに徴兵忌避で774人告発。	
1918			5・県産紙製帽子、米で禁輸。10・米、撤回。	11・第1次世界大戦終結。
1919	3歳。姉ヨシ子（9歳）と兄敏夫（7歳）と3人「置き捨て」にされる。		八重山にコレラ流行。	
1924	（この頃）最愛の祖母の死。		戦後の不況強まる。ソテツ地獄、	7・米、排日移民法成立。
1925	9歳。大阪へ出稼ぎに出る。「人のために、世のためになる人になる」と誓う。	3・治安維持法成立。	荷馬車組合業者賃上げ要求。那覇東町大火。	
1926	堀越興哲舎（化粧品問屋）の丁稚小僧。エジソンの存在を知る。	帝国議会「沖縄救済建議案」可決。12・昭和に改元。	3・沖縄青年同盟創立。	
1927	ハワイ・オアフ島の僻地、日本海外出かせぎ人村のカハルーへ呼び戻される。	5・第1次山東出兵。		
1929	世界大恐慌に、成功目前の比嘉家痛手を受ける。	10・主要輸出製品生糸価格崩落。	3・教員、師範生の社会科学研究会弾圧される。	10・NY株式市場大暴落、世界大恐慌始まる。

1930～

	比嘉太郎と家族	ヤマトの出来事	ウチナーの出来事	世界の動き（米・独・伊を中心に）
1930	14歳。ギャンブルにのめり込む。叔父の手紙に奮起、独学を再開する。	11・浜口首相、狙撃され重傷。翌31年・満州事変。	農村疲弊により小学生の欠席、欠食、人身売買増加。	
1933	17歳。水力発電機を建設。記事が早稲田大学理工学部長山本忠興の目に止まる。	3・国際連盟脱退。・東北地方凶作、娘の身売り。		1・ヒトラー内閣成立。3・米、ニューディール政策開始。
1935	19歳。対策にカハルウ男女青年会を設立、ハワイ青春の琉球盆踊りを立案実行。	12・景気回復する。石川達三「蒼氓」第一回芥川賞。		7・米・ワグナー法成立し、労働者の団結権等定める。
1936	ホノルルにハワイ全島の各青年会を支援する組織、「一心会」を設立。	2・26事件・高橋蔵相ら殺害。		8・ベルリンオリンピック。
1938	11・東京へ留学。早稲田大学（夜学）へ進学。富士電炉工業に就職。			8・米・急激な景気後退。
1938	22歳。11年ぶりに沖縄に行く。	4・国家総動員法公布。8・新聞用紙制限令。	人身売買の禁止。10・国民精神総動員沖縄実行委員会開催。	5・米・非米活動委員会設置。
1939	心臓発作で倒れ入院。早稲田退学。自動車方向指示器の特許申請。米へ帰国。	7・国民徴用令公布。米・日米通商航海条約廃棄を通告。	満州へ15万人の移住計画。	9・ドイツ、ポーランド侵攻。第2次世界大戦始まる。
1940	カハルウ男女青年会会長に再選。字島袋男女青年会を設立。	8・「ぜいたくは敵だ!」の看板林立。10・大政翼賛会発会。	沖縄3紙言論統制で「沖縄新報」1紙に。12・大政翼賛会支部。	7・米、石油、屑鉄、輸出許可制。9・日独伊3国同盟。
1941	24歳。徴兵される。日系部隊100大隊に編入。戦闘訓練始まる。	12・日本軍、ハワイ奇襲。太平洋戦争。		1・ローズヴェルト「四つの自由演説」12・独伊対米宣戦。
1942	休暇でルイジアナ州へ。「ジャップ・スパイだ」と密告されて勾留。	4・東京・名古屋・神戸空襲。6・ミッドウェー海戦大敗北。		米、原子爆弾製造の「マンハッタン計画」開始。

1943 ～

	比嘉太郎と家族	ヤマトの出来事	ウチナーの出来事	世界の動き（米・独・伊を中心に）
1943	ニューヨーク出港。イタリア中南部サンレノ着。重傷を負い入院。	1・ニューギニア日本軍全滅、5・アッツ島日本軍全滅。		7・ムッソリーニ失脚。9・イタリア無条件降伏。
1944	前線復帰。またもや重傷、帰米。全米の講演ツアー。	1・東京、名古屋に疎開命令。10・レイテ沖海戦。	10・那覇、読谷村、大空襲。	6・米英軍、ノルマンディー上陸。8・パリのドイツ軍降伏。
1945	沖縄救援運動の世論喚起に集会、講演をして回る。		4・沖縄地上戦。6・守備軍全滅。8・日本降伏。	2・米英ソ、ヤルタ会談、ソ連の対日参戦決定。
1946	1・知念俊子と結婚。	10・日本国憲法成立。	2・GHQ 北緯 30°以南の南西諸島を日本の行政管轄権から分離。	
1948	9・海から豚がやってきた!10・長男誕生。			
1950	3男ノーレン健誕生。	7・マッカーサー、警察予備隊創設（後の自衛隊）を指令。	3・米軍、本格的な米軍基地を建設始める。	6・朝鮮戦争。9・ソ連原爆保有公表。
1951	長女ポーリン梢誕生。	9・サンフランシスコ講和会議	4・人民・社会大衆両党等、日本復帰促進期成会結成。	
1952	次女エルシー雪子誕生。7年続いた「沖縄救援運動」終了。			
1953		12・奄美大島日本へ復帰。	4・米民政府土地収用令公布、土地の強制収容。	
1954		7・防衛庁・自衛隊発足。	1・アイゼンハワー大統領、沖縄基地無期限保有宣言。	
1955	父・亀三没。74歳。	6・全国軍事基地反対連絡会議結成。9・砂川闘争。	9・由美子ちゃん事件（米兵が幼女を暴行殺害）。	
1956	ファミリービジネスで「ボートハウス」造る。カネオヘに引っ越し。	1・在日米地上軍削減を発表。	6・プライス勧告発表。反対の島ぐるみ闘争。	
1959		3・東京地裁、米軍駐留違憲、砂川事件無罪判決。	6・石川市宮森小学校に米軍ジェット墜落	

1965～

	比嘉太郎と家族	ヤマトの出来事	ウチナーの出来事	世界の動き（米・独・伊を中心に）
1965	49歳。ハワイ沖縄移民65周年記念の映画製作を引き受ける。	4・ベ平連初のデモ。 7・B52の沖縄からのベトナム爆撃。	ベトナム帰りの荒れた米軍人・軍属ら事件事故相次ぎ起こす。	
1966	俊子、入院手術。	6・ビートルズ、日本武道館で公演。	6・裁判移送問題起こる。	
1968	52歳。映画「ハワイに生きる」撮影完了。	4・日米政府、小笠原返還協定調印。	11・初の公選主席に屋良朝苗当選。	1・南ベトナムで解放勢力テト攻勢。 4・キング牧師暗殺。
1970		3・万博。 6・安保自動延長。	6・安保廃棄、基地撤去要求県民総決起大会。12・コザ暴動。	4・米軍・南ベトナム政府軍、カンボジア侵攻。5・北爆再開。
1971	ファミリービジネス、「ボートハウス」人手に渡る。解体する。	4・沖縄に自衛隊配備計画。	9・毒ガス撤去完了。	
1972		5・沖縄の施政権返還、沖縄日本復帰。	6・初の公選県知事に革新の屋良朝苗当選。	12・米軍、最大規模のハノイ・ハイフォン爆撃。
1974	「移民は生きる」上梓、自費出版。	10・佐藤前首相、ノーベル平和賞決定に疑問沸騰。	3・那覇市小禄で不発弾爆発4人死亡。	
1975	58歳。持病の心臓病とヘビースモークが祟り入院手術。	10・昭和天皇「原爆投下は戦時中でやむをえぬと思う」。	7・沖縄海洋博、皇太子夫妻沖縄訪問。	ベトナム戦争終結。
1978	2度目の心臓手術。			
1982	自伝「ある二世の轍」自費出版。	7・中国政府、歴史教科書記述に抗議。韓国外相訂正要求。	2・住民、嘉手納基地爆音訴訟提訴。	
1983	7・沖縄タイムス賞受賞「戦時・戦後の沖縄県民救済の救援に尽くした功績」。	1・中曽根首相、日本不沈空母化発言。	12・「沖縄戦記録フィルム1フィート運動の会」結成。	
1985	比嘉太郎没、享年69。会葬者千数百人。	8・首相以下全閣僚が靖国公式参拝。	8・文部省、「日の丸」「君が代」の徹底通知。	
2018	10・ハワイ・ユナイテッド・沖縄アソシエーション（HUOA）、故・比嘉太郎を表彰。			

下嶋 哲朗（しもじま・てつろう）
ノンフィクション作家・画家。長野県上田市生まれ。一九七六年から約一年間家族と石垣島に移住。一九八三年から読谷村地元住民らと共に洞窟「チビチリガマ」の調査を行い沖縄戦時に壕内で集団自決があったことを明らかにした。一九九四年『アメリカ国家反逆罪』で講談社ノンフィクション賞受賞。ハワイの沖縄出身日系人が戦後復興のために豚を沖縄に送った事実を掘り起こした『豚と沖縄独立』（未來社一九九七年）刊行。他に南洋諸島や満州国などへの海外移民を描いた『非業の生者たち』（岩波書店二〇一二年）など著作多数。

比嘉《ひが》トーマス太郎《たろう》
――沖縄の宝になった男

発行日 二〇二四年六月十二日 初版第一刷
著者 下嶋 哲朗
発行者 仙道 弘生
発行所 株式会社 水曜社
〒160-0022 東京都新宿区新宿一-一四-一二
電話 〇三-三三五一-八七六八
ファックス 〇三-五三六二-七二七九
URL：suiyosha.hondana.jp
DTP
装幀 小田 純子
編集協力 末藤 雄二（夢の本棚社）
印刷 モリモト印刷 株式会社

本書の無断複製（コピー）は、著作権法上の例外を除き、著作権侵害となります。定価はカバーに表示してあります。
落丁・乱丁本はお取り替えいたします。

© SHIMOJIMA Tetsurou 2024, Printed in Japan
ISBN 978-4-88065-566-6 C0023

この人たちの生き方

島を出る　ハンセン病回復者・宮良正吉の旅路

10歳の少年は、故郷の島を出て療養所へはいった。元患者の半生とハンセン病問題の歴史を重ねあわせて書かれた、現在進行形のノンフィクション。　上江洲儀正 著　A5判並製 2,420円

メレル・ヴォーリズと一柳満喜子　愛が架ける橋

日本の華族令嬢は、のちに山の上ホテルなどを設計するカンザス生まれの貧しい青年と出逢う。逆境を乗り越え、世界をつなぐ「愛の架け橋」になろうとする。 平松隆円 監訳　A5判上製 2,970円

楷書の絶唱　柳兼子伝

「民藝運動」柳宗悦の妻であり、工業デザイナー柳宗理の母。自らの力で活躍の場を切り開き、92歳で亡くなる日まで声楽家でありつづけた女性の生涯。　松橋桂子 著　A5判上製 3,850円

武智鉄二という藝術　あまりにコンテンポラリーな

「武智歌舞伎」で時代を湧かせ「愛染恭子」ホンバンを監督した男。「伝統」を守った男はなぜ「ポルノ」映画監督になったのか。時代を体現した芸術家の物語。 森彰英 著　A5判上製 3,080円

消された名参謀　田村将軍の真実

その名は、なぜ伝わらなかったのか？ 誰が消したのか？ 森鷗外とともに日清・日露戦争を勝利に導いた一軍人の生涯と、死のあとに残された闇とは？　石井郁男 著　四六判並製 1,980円

カントの生涯　哲学の巨大な貯水池

驚くべき知恵の輝き、スケールの大きさ、時に悩み、悲しみ、笑う、等身大の大哲学者の実像……。「カント哲学」が物語で理解できる画期的伝記の誕生。　石井郁男 著　四六判並製 1,650円

全国の書店でお買い求めください。価格は税込（10%）。